正向管理

［美］马文·温斯伯德(Marvin Weisbord)　［美］桑德拉·杰诺夫(Sandra Janoff)◎著
洪云　李杨惠子◎译

LEAD MORE CONTROL LESS

中国友谊出版公司

图书在版编目（C I P）数据

正向管理 / (美) 马文·温斯伯德，(美) 桑德拉·杰诺夫著；洪云，李杨惠子译. -- 北京：中国友谊出版公司，2018.8

书名原文：Lead More,Control Less

ISBN 978-7-5057-4417-2

Ⅰ. ①正… Ⅱ. ①马… ②桑… ③洪… ④李… Ⅲ. ①管理学–研究 Ⅳ. ①C93

中国版本图书馆 CIP 数据核字(2018)第 135924 号

著作权合同登记号　图字：01–2018–4089

书名　正向管理

作者　［美］马文·温斯伯德　桑德拉·杰诺夫

译者　洪　云　李杨惠子

出版　中国友谊出版公司

发行　中国友谊出版公司

经销　新华书店

印刷　北京鹏润伟业印刷有限公司

规格　710×1000 毫米　16 开

12 印张　160 千字

版次　2018 年 8 月第 1 版

印次　2018 年 8 月第 1 次印刷

书号　ISBN 978-7-5057-4417-2

定价　45.00 元

地址　北京市朝阳区西坝河南里 17 号楼

邮编　100028

电话　（010)64668676

序

现在市面上有很多关于领导力的经典著作，全部都是关于领导计划、组织、鼓励和掌控方面的。在这里，我们将提出一种不落俗套、独一无二的观点，但它不会取代日常为你所用的观点，只是在此基础上为你增加 8 项技能。这 8 项技能颠覆传统，赋予你可能自己都不知道但却值得拥有的领导才能。我们将告诉你，在减少对员工掌控的同时，如何提升员工的主动性，我们称之为引导力。实际上这样做，反而使你得到更多的掌控权。无论你是驰骋于商海、供职于政府、致力于教育事业，还是投身于社会服务，都能在已拥有的技能上增添这几项新的领导技能。我们坚信，自控能力是最可靠的技能。你的自控能力越强，对他人的掌控力也越强。你可以加强行动的自由，提高自信，在那些依赖你的人面前提升权威，他们则会回馈你以卓越的成果。

我们的目标就是帮助你：减少对员工的掌控，但仍大局在握

我们并非生来就会这样思考，在学校也没有学过。我们是在与非洲、亚洲、大洋洲、欧洲和美洲的社区、商业公司、非政府组织以及联合国机构一同管理、制定战略规划时，学习和吸取了这些经验教训。我们学会了建立能帮助人们自我激励的体系。这一体系如今已经引导成千上万的人去尝试彼此曾经都认为不可能的事情。这些参与者身份各异，他们来自不同的民族、文化、年龄、工作、头衔、社会阶层、宗教、世界观和性别，让个人负责自己的工作，大家发现比起执行由专家制定的计划，他们执行自己的计划时更容易成功。

在这本书中，几位高层管理者告诉了我们相似的结果。审视他们与我们的工作，我们提出了3个简单的原则：

■让大家依据自己的经历发挥，而不是推行你的经验。

■妥当安排工作，确保大家互相配合，自我管理，提高主动性，而不是由你代劳。

■改善促进大家合作的条件，而不是试图去改变他们的

行为。

若要应用这些法则，接下来在本书中我们会为你提供 8 项技能，让你无忧地做领导，在未知的世界里把握自己。

我们还发现，在学习的过程中需要海量的自我约束训练。所以我们都还在不断地学习。那么你呢？如果仅借助讲座或书籍，你将无法消化这些高级技能，还需要进行实践练习。如果你是一位领导，我们推测你已长时间在未知的世界里工作，而运用这些技能将帮助你在应对陌生情况时游刃有余。我们邀你锻炼自我控制的能力，也以此要求其他人，创造一个供大家发光发热的环境。

目　录

引言

人们开始协调他人、管理自身工作是20世纪最伟大、最励志的一项发现。比起不会的人，这样做的人会带来更大的经济效益和社会效益。很多领导者虽然予以否认，却重掌控、轻成果。我们是如何知道的呢？因为他们只是居高临下强制他人协调和掌控，却从未体会过另一种思路：由内而外进行调控。

20世纪90年代，举办大企业集团战略计划会议的时候，我们迅速意识到我们需要重成果、轻掌控。几十个人在同一间房里，为了一个包含他们经历与抱负的计划而奋斗。我们无法控制他们，但是我们发现如果让每个人全神贯注于一个目标，并为之创建自我管理体系，最后我们置身事外，也能获得很好的结果。

这样的领导方法说时容易做时难。我们面临的最大挑战就是控制自己——克己、等待、倾听、给予机会，让员工开发自己的潜能，如此也就意味着设定了更高的标准。我们早已为自己的领导能力开启了一个全新的挑战，不得不打破传承而来的常规。这样得到的结果让我们满怀信心，所以我们开始邀请大家使用新的领导方法。

如今，我们已经帮助成千上万的人接触到我所说的先进技能。这里，“先进”一词表示在你原有的能力上增加新的能力，这些技能不会代替你原有的能力。但如果是第一次尝试，你想使用这些技巧来做计划、建设组织、激励员工和管理工作，那么真的会“打破常规”。经过反复的研究，我们选出 8 个核心技能。经过学习，你可以长久轻松地掌握这些技能。

这些技能相得益彰，可用于任何场合，指引大家去完成超乎自身想象的事。最妙的是我们可以在任何一天随时使用这些技能。如果愿意尝试，你也可以照着做。

但是你愿意吗？

50 多年前，麻省理工学院的道格拉斯·麦格雷戈教授写了一本畅销书，名为《企业的人性面》（*The Human Side of Enterprise*）。书中提出了两种著名的理论：X 理论和 Y 理论。他在书中描述了我们关于人性的设想将如何决定我们的领导方式。X 理论假设大多数人都性格独立、不爱工作、急功近利，Y 理论则假设绝大多数人都热爱工作、渴望学习、勇于承担责任。两个理论都是自我应验的预言，对自我的控制越严厉，工作的范围就会越广，而越少地练习判断力，就会变得越无助、越笨拙以及过于依赖。

“他们（员工）表现得很幼稚。”老板说。

“他（老板）把我们当小孩子看待。”员工说。

相比之下，那些具备判断力、技能广泛、信息准确以及有众多机会的人，能够激励自己去成长。自呱呱坠地起，我们就带着这两种理论的种子。婴儿既无助又依赖地来到这个世界，他们对学习充满了好奇并渴望学习。如果（无意识地）X 理论在一个组织居于支配地位，这些理论就会转化为有功能障碍的政策、程序和体系，还会成为领导想要逐步培养某些行为举止时的阻碍。

另一方面，我们看到世界各地的人们验证了（无意识地）Y 理论假设。在合适的条件下，他们都能再次发现自出生以来就有的自然冲动，即由非传统的原则、程序和体系培养起来的冲动。人们顺从于那些培养自主能力和成长的工作。体系包括决定谁可以做什么，这是你可以控制的事情，包括鼓励人们积极主动超越他们的工作范围。这意味着使沟通自下而上、自上而下、平级沟通，而不仅仅是从上到下；不仅如此，这也意味着使领导从监管者转变成教练；意味着强调整合部门之间的会议，而无须忍受各自为政。

很多组织的冲突是企业结构造成的。大家都以自己工作需要的方式行事：销售人员着重强调人际交往技巧，他们在着手办正事之前，会花时间闲聊；生产工人多与机器打交道，不会闲聊，直接解决问题。结构策略会鼓励员工维持各自功能上的差异，包括任命员工做能团结他人的角色、利用项目协调员工，还有建立跨职能性质的机制，如产品团队以及为平息冲突而特设的问题解决团队。

创建最佳体系需要领导能力

本书中，我们会告诉大家如何提升以下技能：

■减少控制，提高员工主动性

■与大家一同承担责任

■在不费尽心思改变大家的前提下，改善框架结构，彼此互相影响

■示范如何用“全系统”去探索“整头大象”，最终拥有

强烈的动机和快速实现的能力

■运用焦虑和权威预测来营造尊重，促进团队合作

■解决矛盾冲突，引导大家达成 100% 共识

■尝试做困难的事能取得什么成就

通过这本书，我们重点强调一个棘手的现实：

“改变”就意味着自己去做一些从未做过的事情。

这是来自普通领导者的启示，他们身处商业、教育、医疗保健和社区建设等行业，但都在不断发现自己新的能力。我们在整本书中都引用了他们的事例。如果你过去习惯强调个人风格、态度、动机和外在奖励，那你可能会发现在改变行为之前先改变体系不过是迈进了一步而已。

8 项领导技能

本书总共分为 8 章。每一章介绍了一项高级领导技能，以及可以让你每日实践的行动准则：

1. 鼓励：减少控制，实现员工的正向管理
2. 激发：责任共担，让你的员工摆脱依赖
3. 引导：接受焦虑，广泛传递正能量

4. 影响：潜移默化，从感知语言开始

5. 存异：擅用小组，正向激活团队能量

6. 高效：深入了解，合理安排组织工作

7. 掌控：统筹全局，学会倾听和体验

8. 求同：达成共识，增强组织凝聚力

我们诚挚地邀请你与我们一起开辟出一条道路，让大家在前行的路上更加顺风顺水。只要你走得够远，就会从别人身上看到更好的表现和更强的自控能力，于己也能得到更多的自由。等看到自己结出的果实后，也就不需要进一步的证明了。

第 1 章

鼓励：

减少控制，实现员工的正向管理

要点

◆ 有了正确的体系，大家就可以学到更多知识，并且通过相互学习，可以收获意想不到的结果。

◆ 改善分工，就能改变所有。

◆ 鼓励大家在工作中自行决断并分享资源、协作和工作的控制权之时，你就已经开始颠覆传统。

◆ 在这一章中，我们会建议你如何开始：控制可控制的。

社会技术系统的创始人埃里克·特里斯特，在 20 世纪 40 年代南下到约克郡的煤矿后“完全变了个人”。他曾目睹一个连工程师都难以想象的煤矿系统：通过启用新型顶板管理工程，矿工们与经营者组成了自我管理的工作小组。每一位矿工都可以学到多种技能，而不仅仅只掌握一技之长。他们若拥有更好的工艺水平，还能够再次发现祖父那辈的技艺。比起严格监管的传统矿山，拥有自主管理团队的矿山则具有输出量高、旷工率低、事故少的优势。

后来成千上万的人都从矿工的创新中学到了不少。我们所谓的“功能障碍行为”大多发生在工作结构中，致使大家不能在工作中运用自己的知识。你可能听说过那些工作单一，甚至是机器人去做都会觉得无聊的工作。若工作规则约束太多，则会逐渐削弱生产力。领导者自上而下地协调、控制，却只是满足于得到普通的结果。你可以在工作结构中得到更好的结果，进而促进大家学会自控，但是并不能通过教员工处理人际关系的技巧来改善支离破碎的系统。建议你考虑一下，将结构视为团队的工具、知识和权力，用来减少对外部专家及严格监管的需求。

不走寻常路？当然。有效吗？几十年来一再有人证明，马文·维斯伯德确确实实在《多产工厂：21 世纪的尊严、意图与团体》（*Productive Workplaces: Dignity, Meaning, and Community in the 21st Century.*）一书中也有过记载。唯一的问题就是你能否做到。研究自己的行为可是一门高级的课程。

控制可控制的

我们了解这个想法的力量。因为自 1982 年以来，我们就已经在“探索未来”的战略会议上完善了自己的领导策略。我们与成千上万的人一起学习，在所有的工作方式中选择控制体系，而不是控制大家。举个例子吧，假如你在世界的任何地方都能参加这场探索未来计划的会议，那么就会看到这些有几十人乃至成百上千人的小组，每一个小组都同会议成果有着重大的利害关系。他们会选出本组的议事领导、计时员、记分员、汇报员，还有其他一些他们认为重要的角色。参与者畅所欲言，准备报告，付诸行动。他们着眼于每个人的技巧和经验，会用大家都不懂的语言记录在图表便笺本上。每个人都在经营自己，而且大多数人以前从未做过这些事情。我们并非与他们的成功无关，只是建立这样的组织让他们可以舒展自我。

我们在着重加强大多数人的自控能力，即便他们都不知道。我们坚信，为大家指明正确的方向是领导者的核心任务，即加强所有负责人的行动能力。有一条悖论：**关于自我管理，大家却需要一些当权者的批准！说的就是你。**

如果将分工、控制点和协调责任交给相应的员工，你会看到每个人自发的聚焦、合作和生产。

“我们视员工如生产装置一般……”

普拉文·马丹，行政长官，

开普勒的书（美国加利福尼亚州旧金山）

我还是不得不设法忘记学过的多数管理知识。在我研修MBA期间，我们对待员工如同对待可控制的生产装置一般。与其建立等级制度，不如创建一个大家共同协作的正确体系。

我现在从事图书销售行业。我建议企业管理者在管理层面上多多了解自己的员工，而不要一味地只是读管理方面的书籍，这些书籍也并非完美。领悟到这些，我也是费了很大的功夫。

我曾经担任一个高强度项目的领导，手下有 8 个人，当时我们要在 7 周内去实现一个百万元战略。如今 10 年后再回首，发现自己把大家当奴隶般驱使，却从来都没有关注过他们。仅仅因为我一周工作七天，所以我希望他们也能这样。他们要生存，还要养家。于是我们用 2 个月的时间干完了半年的活，可是也付出了代价。我心里其实并不想当那位奴隶主，只不过自己强烈地想要得到一个好结果，却没有关注和我一起工作的人。我觉得这是个很大的错误。虽然客户很满意，还让我们后续接了一些工作，但是付出的代价太大了，团队中有几个人不再热衷于工作，大家也不再信任我。

现在对于我来说的不同之处在于：开始意识到不能独断独行。因为我始终是项目中的一员，需要与大家并肩作战。同时，我依赖他们，并试图建立一个正确的体系来与之分享理念和职责。每天，我都会提醒自己要好好款待那些选择与我一起共事的人。我的工作就是让他们在工作中获得成功，家庭工作两不误。否则，在竞争如此激烈的商业中，我早就败北了。

交流目的

练习控制能力的一个好方法就是：以“今天我要从别人身上学到些什么呢”开始每一天，而且从始至终都要保持这样的目标，通过交流让别人想出实现这一目标的方法。几年前，马福学习了10所药剂学院院长的领导方法。其中一位院长总是将自己的桌面收拾得很干净，每天都从面前的一页纸开始一天的工作。在纸的顶端赫然写着学院的任务，其下则以黑体字罗列出首要事务，每一项要务之下有负责人的名字，他还会在纸上标注当日要求的行动步骤。最后在他的委托下，负责人会写出每次交接时需要注意的事项。他仅靠一张薄薄的纸就掌控了整个学院！

掌握时间

时间是你最宝贵的资源，正如河流一般翻涌流动。有些目标的达成会耗时数小时、几天或者几个月，而时间就是你无论何时都应该掌握的事。另外，还有别的方面需要你掌握。对于每一件重要事项，你都要掐着时间，用目标、人物和地点三个可控的变化因素编排计划。你要相信自己为实现目标找到了合适的人选，提供了一个让工作变得更容易的场所；还要相信你给予了合理的时限。

阐明你现在的所想所要

扮演好自己的角色，任何时候都能拿出你的进程，让大家知道你对他们的期待。

“我们必须清楚地知道自己的定位……”

约瑟芬·里德堡－杜蒙，前董事长

宜家家居（瑞典赫尔辛堡）

对于主导项目进程，我经验丰富。我要负责开发、整合、决策以及执行阶段的每项进程。我觉得让大家清楚地认识到自己在项目中的定位很重要。换言之，我们当下都需要分配什么任务。这就是当人们对决策感到焦虑时我的处理方式。也许我们不得不多谈谈这点。我认为，我们应试图获得尽可能多的观点，而不是去讨论他们的优点。大家需要知道时间会让你做出选择和决定。我希望大家问问自己是否有不解之处，不然情况会变得非常混乱。

培养良好健康的环境

下面需要注意的方面看起来可能不多。要是能够做到，大部分时间你都能掌握工作情况。如果能坚持下去，团队的工作士气及表现都会有翻天覆地的变化。

时间

准时开工收工。这需要训练，在企业文化中，这同样是改变自己的一种简单方式。如果你等待新人去做，就得交出控制权。如果你超过了预计的下班时间，就应先与大家商量一下，否则会激起不满。

办公环境

所有重大的改变均在一场会议中进行，所以需要小心选择会议的地点。虽然还不至于在无窗的地牢里工作，但 21 世纪的生活压力已经够大了，不够好的办公环境会影响你们的身心健康。我们还从未听说过有人因为阳光透过窗户照亮会议室而抱怨。

我们到达夏威夷的一个文艺中心时，发现主办方拉起了厚厚的窗帘，以此来避免大家走神。我们拉开窗帘，透过落地窗看到太平洋，远处的鲸鱼正喷着水花四处游玩，棕榈树在风中摇曳多姿，白浪拍打着海滩。我们说服主办方：虽然如此壮丽的景象是一个问题，不过我们能够妥善处理。当大家忘却美景，专心工作之后，你能感受到精神的愉悦长久地充溢着整个房间。

座位排序

座位排成行是为了与领导对话，排成圈则便于彼此交流。多年前我们为了会议室能够容纳 60 个参与者，不得已将多余的桌子悉数搬走。这种局限恰恰证明了一大好处：在大家没有桌子的时候，安排 6 人或 8 人一组更容易促进交流。一把带轮子的椅子则便于他们自我安排。

建议：下次你要是发现椅子是一排排放置的，可以让大伙摆放成圆形。你可以在会上留意这么做带来的影响。

音响效果

在拥有裸露墙壁和坚硬地板的房间里，声音就像是壁球场中来回碰撞的壁球所发出的声响。高顶棚的房间会产生回音，让人听得费力。我们喜欢在有天花板的房间里铺上地毯来吸收声音。在大型会议中，我们会要求使用无线麦克风，因为这样方便互相传递，就像是传递一根“说话的棍子”[①] 一样。一个好的声音系统往往可以克服差劲的音响效果。

健康快餐

我们提倡在放置甜点的餐桌上添加新鲜的水果和坚果。我们并不是不让大家吃甜点，而是众所周知，摄取蛋白质才能更好地补充能量。

可访问性

很多地方都依据法律，为残疾人设置了易进入的房间。我们建议考虑在重要的地方放置些基本设施，来满足所有人的需求。

可持续性

如果我们破坏正在萎缩的星球，相关的会议也就无济于事了。我们一位已故的同事拉尔夫·科尔曼推荐了好多可控的东西：可重复使用的姓名牌、笔记本、图纸、陶瓷咖啡杯，以及房间里的垃圾箱。

① “Talking Sticks”，源于北美洲土著部落。于部族开会时使用，持棍者畅所欲言，确保人人都有话语权。

当你以自控为目标，文化规范事关紧要

作为领导，你要意识到文化时间规范。“在这里我们 × 点开始工作，”别人不止一次这样告诉我们。“迟到实属正常。”如果我们自以为不能入乡随俗，那是愚蠢的。我们也知道不可能实现从早上 9 点到午餐前工作 3 个小时，因为有半数人员直到 10 点才露面。

群体动力学的共同发明者罗纳德 · 李皮特，他对于早到的人创造出“不规律的开始”这一说法。让他们自己去做任务；让他们向别人谈论自己今天的工作情况，分析之前的会议、产生的问题或者其他有价值的事情。迟到者要么加入谈话，要么重新开始一组新的谈话。持续下去，你就会发现群聚的效应。

小结

第1章

鼓励：减少控制，实现员工的正向管理

最大限度地控制在于结构化的团队、任务小组以及管理层。对待目标如水一般清澈透明，尤其鼓励自我组织、协调以及调控工作。在会议管理上，大家工作时需要注重以下几点：注意工作目标、健康的工作环境、尊重文化规范、掌握时间的限制以及自我管理。坚持与他人在时间和工作量上共同承担责任，这才是责任感的意义所在。

如何运用

思考接下来你将要领导的会议。

- ◆ 写下目标，需要做到何种程度?
- ◆ 谁将与会? 还需要谁参与?
- ◆ 是否安排了隔音效果好的房间?
- ◆ 能否按时达成目标?
- ◆ 你会细究小组决定吗?
- ◆ 如果那不可能，你准备好出手了吗?
- ◆ 你想要怎样的结果?

第 2 章

激发：

责任共担，让你的员工摆脱依赖

要点

◆ 很多领导在工作中采取一肩挑的模式。

◆ 作为领导，你承担得越多，员工也越遵从你的权力，他们会上交工作，等待指示。

◆ 以依赖为借口独揽大权是世上最古老而又会自我应验的预言，你往往会得到更多不想要的结果。

◆ 把协调控制权交还给相应的工作人员，你就可以推翻这套说辞。

◆ 高级技能就是发现自己能放弃多少，放弃之后又会发生些什么。

◆ 如果你准备好了，这一章就会帮助你发现是否准备妥当。

依赖性生于自然，而责任感是一定通过学习培养的。我们大多数的工作不用自己承担责任。我们生来就习惯依赖、遵从权力而长大。遇到含糊不明的指示，就会陷入自我怀疑，询问领导的决定就如同呼吸一样自然。很明显团体比领导更加知道如何系统性地工作，但是，鲜有人知道他们掌握的信息有多重要。他们只要相互交流，便能了解事情全貌。

一家船运公司邀请丹麦社会科学家贡纳·霍尔特为顶尖邮轮设计新型的工作系统。其目标是压力更小、事故更少、士气却更高。贡纳在海边住了几个星期来取得全体员工的信任，取得信任之后，员工坚决要求他给他们设计。而他却说会协助大家将设计创造出来。“谁?”他问道，“谁来对这艘船负责”(马德森和威力特)?

我们每一个人在自己的领域里都是引领世界的专家。这就是霍尔特对全体邮轮组成员的教导，从而成就了有史以来最成功的航程。他向全体员工表明他们已经知道要做的事情，并赋予他们去做的权力。

在许多文化中，领导人利用自己的经验已经证明了帮助员工承担责任的价值。当你学会让员工自己负责，他们就会在短时间内以更大的热情去完成任务。我们预言，阅读这一章节后，你将会更在意如何增加他们的责任感。这是很简单的部分，“非常规”的做法就是学习如何集中注意力，同时帮助别人掌握陌生的行为。

这里将为你介绍 6 个简单的措施来帮助大家学会在程序、项目工程和决策中共同承担责任，所有会议都适用。如果你在会议中度过大部分时间，每天都会获得新的机遇。

所有人都尽力而为

我们坚信，无论你看到员工在做什么，那一刻已经是他们最好的表现了。如果你想让他们工作得更好，那就请先改变自己的习惯。开始最重要的就是不要给别人贴标签，因为这样容易草率地下结论：

“他们拒绝承认出了问题。”

“为了引起关注，他会做任何事情。”

“她害怕被别人看不起。”

“他很被动。”

“她咄咄逼人。”

多年前，亚非管理战略计划会议中，我们意识到自己忽略了人生阅历所占的巨大比重。深思之后，我们发现我们同样也不太懂自己。判断一个人行为的方法比银河系的星星还多。第一种判断方法就是你找到的东西就是你所寻求的，要知道每种判断都需要一种指示。镇压“改变抵制者”是一种典型的自我实现。做得越多，受到的阻力就会越大，才能不断证明自己是正确的。

桑德拉与40个部落出身的南苏丹青年举行会议。当准备选出领导者时，桑德拉为他们坚持推选她而感到吃惊。“如果我当了领导，什么也不会改变。”她说，“你们决定，让我们一起想出如何去做。”他们发表了不同的观点。最后，提出了从每个地区和部落背景中选出适合所有人的代表。

你所面临的最大挑战就是学会适应其他人的处事方式。不过说得容易做起来难。先从接受自己的缺点、不完美的风格以及偏见开始吧，然后你就会更加容易接受别人身上的这些缺点，接受大家，建立信任。你愿意承担责任，让他们用自己的方式工作吗？那么，更好的结果在向你敞开大门。

“我从未见过任何人在正确的指导下还学不会承担责任。”

约翰·奥列杰奎斯特，首席执行官

弗莱徐赛特①（瑞典斯德哥尔摩）

只要勇于承担责任，任何人都可以成为领导。每个人都要有责任感，员工也需要组织一个平台允许自己负责任，这也包括在学习期间能让他们拥有犯错的自由。

我花了很长时间学习如何去做。若是你在一个分级的组织中工作，就不用程序化地去承担责任。你会听见类似于“有人应该为那件事负责”这样的回答。所以你会问：“谁才是那个人呢?”我从来不说闲话，尤其是人们在讨论那些“发生”在我们身上的事情时，那一瞬间我们就成了受害者，仿佛自己真的经历过那些事情一样。没有什么曾经在我们身上发生过，我们一直是其中一部分。我不会说：“这件事对于我们太不利了。”而会说：“我们没有料到会发生这些，下次怎样才能预

① Fryshuset，位于瑞典斯德哥尔摩的一家会议活动中心。

料到呢?”

我从未见过任何人在正确的指导下还学不会承担责任。你不能仅仅说:“喂,承担责任!”这样很多人并不理解。然而,一旦他们理解我的意思,大多数人都会去做。但这可能会花费很长时间。在我之前的工作中,曾因为做事慢、不积极、不强势的领导风格而受到批评。有位女士因为我不会轻易发脾气而说:“我犯了这么严重的错误,你就应该告诉我,如果再犯错就会被辞退啊!”我回答:“为什么要那样做?你告诉我的事情,明明自己已经意识到了,我自然不必浪费精力多说一句。”

有时我觉得这种领导力无法解释,你必须表现出来才行。在那家公司工作的4年中,我们提高了50%的生产率。同时,所有现状都表明,员工们工作更加开心,压力大大减少,感觉更加有归属感。要知道,这可是50%的效率啊!

到现在,还有一些人认为我这个人优柔寡断。

他们过来对我说,“喂,对于这些,我们得做点什么了。”

我说:“那你觉得你应该做些什么呢?”

他们说："如果知道，我就不来问你了。"

于是我说："你觉得我有能力解决这个问题，而你没有吗?"

"不，可你是领导啊。"

我很擅长推诿："很抱歉，你这是在要求我替你承担责任。如果你想那样做的话，我会满足你。但是你要明白，如果我那样做，将来你要经历更加艰辛的时光才能成为领导。你自己做决定吧，想不想让我那样做?"

那时，不止一次有人来问我。他们把握着机会，却很难做出决定。

隐藏"隐性会议议程"

工作的世界依靠"隐性会议议程"来成长。多年前，我们接受了"人们不说话只是因为自己不想说"的理论。如果他们想要隐藏"真实"的自我，我们就让他们生活在自己的选择里。这不是我们的责任，让别人做他们不想做的事情比我们自己做更费力。假设每个人都有自己的秘密，你就不会失望。一个领导的责任就是让他们在准备好的事情上面大展宏图。若是你先去填补每个人的短处，你将不会做成任何事。

在某些企业文化中，众多人在开会时，如果询问他们的意见，大家都会闭口不言。我们知道，他们考虑在这种场合闭口，主动说话可能会被大家视为不合时宜的自我推销。这与公共的企业文化规范背道而驰，不要纵容这种行为。如果你想知道满屋子沉默的人的想法，可以尝试这样：要求他们以你之前提及的小组形式讨论（有关目标、成果或关注点）。随后请每个人阐述自己的理解，你会惊讶地发现有多少“隐藏起来”的想法和感情将公之于众。人们各抒己见，并不会重复别人的观点。

自己做得越少，别人会做得越多

试着比你平时做得少些，当你后退一步，别人就会自告奋勇。如果你相信每个人都在全力以赴，你就不需要要求他们去做得更好。每次你用你的行动去修复完善一个人或者一个小组的工作的时候，就剥夺了别人亲历的机会。越解释或是越为自己辩护，越说明人们独立发现自己需求的空间就越小。不如确立目标，询问他们将计划如何达到目标，让他们对自己的计划负责。

在马弗的首次咨询任务中，他在与大型非营利性机构邻近的办公室中不断地面试，目标是要完成一份应邀者集体性经验的书面报告，以此帮助评估他们的工作。他问有经验的同事，“为什么我们要从每间房子挨个问起，问他们每天一起吃午餐的感受?”

他在与小组讨论报告时得到了答案。但是，人们对这个“发现”有争议，怀疑这项分析，也从未谈论过这些事情。他得知谈论的人从他们一对一的咨询中得出了不同的结论。这同样适用于领导，团队会议的主要潜在好处是方便对话。

鼓励自我管理

领导拥有自我控制能力的小组是一项值得掌握的技能。每时每刻，如果在房间里有一半的人扮演着领导的角色，这就免去了你不少负担。

几十人甚至几百人有能力在 6 ~ 8 人的小组中表现出自我

组织的能力，只要每个小组能选出自己小组的讨论领导者、计时员、记录员还有汇报员：

组织讨论的领导者要确保在合适的时间内听到每个人发表的言论。

计时员提醒小组人员注意剩余时间并给出信号，以及监督组员做报告。

记录员记录发言者的话，将小组的成果记录在写字板上，要求大家用简短的话语复述过长的想法。

汇报员及时向大组汇报。

不可避免的是，有些组会比其他组做得好。帮助落后者的欲望会让人难以抗拒。我们建议避免这个陷阱，你的目标是提高整体表现，而不是优化个别小组的行为。如果你想要大家管理好自己，就让他们自己去做。除非邀请你，否则不要参与其中。学会保持沉默，在员工学习的时候给予支持，这不仅仅是一项管理问题。邀请小组为他们的工作负责会带来很大成果。

领导力包括告知大家需要什么，而不是如何去得到。

控制你的情绪

会议提供无尽的机会，让你去处理脑海中那些细微的声音并如何追求完美。一位好的领导者——那声音如此说——会制止高声说话的人，而让安静的人去谈论观点。好的领导会将尴尬化作欢笑，将仇恨化作相互支持。不仅如此，一个好的领导会激励大家、鼓舞大家，为大家提供答案，还会将承诺付诸实践。如果这些都没有发生，那就是你的错。内心的责备和惋惜会促使我们想要得到还不曾拥有的东西。我建议降低这些唠叨的音量。我们催促你接受自己的冲动——使其变得完美，令每个人都高兴、有活力、不拌嘴地安排所有事情。当你意识到自己变得焦虑或者想要纠正他们的错误时，最简单的方法就是抖抖腿、做做鬼脸。这样持续 10 秒钟，看看会发生什么。

鼓励谈话

这里的谈话指的是渴望发言的人能够畅所欲言。如果提倡这种行为，那就持之以恒，直到所有人都发表过自己的想法。

要做到这一点，必须明确表示：你愿意考虑他们提出的任何想法。这就要求你要了解自己的“敏感问题”在哪里。若是有人逼迫你，则静观其变，不要自我防御或反击，也不要急于处理大家提出的每个问题，从而确保会议中的对话顺利进行。当整个感知范围出现时，新的创意就会浮现。于是你就能够请大家总结他们听到的内容，询问大家想要做的事情。你将会发现很可能以后大家工作会更负责。

建议：会议开始前，需要说明一下，表示你认为听到任何一个人的发言都很重要。我们补充说明一下，在概念清晰、激动兴奋和注意力集中之前，困惑、焦虑以及离题这些情况都可能发生。你要声明所有的想法都值得聆听，为此要建立一条规范来避免争执。当大家不用兜售或者捍卫自己的意见时，就会更容易改变自己的行为。会议结束时，确认每个人都清楚最后的决定。若时机恰当，请他们陈述自己将采取怎样的措施。

“我需要知晓他人的想法，这让我有安全感”

艾迪恩·麦金利，前首席执行官

弗马纳区议会（北爱尔兰橘郡）

当我初次成为一名领导者时，就迅速认识到自己需要保证大家进行谈话。我需要安全地知晓他人的想法，去探索并做出选择。我知道，这会帮我克服领导他人产生的孤寂。在多种多样的观点中，你有足够的证据和信息能做出更好的选择。

当我还是弗马纳区的首席执行官时，曾经做了一件非常冒险的事请。当时我召开了有史以来第一次包括团体、商业以及国营部门的会议。最终这场“麻烦”的高度上升到北爱尔兰天主教教徒与新教教徒之间的骚乱。我不得不鼓起勇气，推销想法，与对手携手。我需要有人反映这个团体，除此之外没有更好的方法了。他们觉得被人询问是光荣的，最终承担起履行诺言的责任。

对话可能是会议中最困难的事情。这对于我来说并不是有口无心的。讨论中很容易发生争吵并说：“我最懂，我了解这项工作。”如今变化的脚步推动人们越来越快地决策。当大家都选择走捷径的时候，最终结果就是不分享所有权。我的经验就是无论多么困难，对话从不会浪费时间。

小结

第2章

激发：责任共担，让你的员工摆脱依赖

谨慎承担所有责任，否则你只能加强依赖。可以鼓励团队人员对他们所言、所做以及接下来发生的事情共同承担起责任。一种可以释放自己的途径就是：放弃判断需求，决心与大家按他们自己的方式工作，安排工作让大家自愿合作。把对话当作基础方法，询问他们想要做什么，那样会促使员工进行自我控制。这是领导力的高级实践。

如何运用

◆ 接受每个人都在尽力而为。如果你认为他们可以做得更好，就改变自己的行为举止。下一次你听见让自己生厌的观点时，看看是否能够从中找到自己认同的部分，当众承认你认同或者仅对自己承认。

◆ 不要“隐藏的会议”。与其探索人们没有说的话，不如把注意力放在人们说了些什么。看看你的设想会得出什么结果。

◆ 鼓励自我管理。如果你主持一项大型会议，邀请他人共同承担责任，试着用这4个重要的角色：讨论领导者、计时员、记录员以及汇报员。

第 3 章

引导：

接受焦虑，广泛传递正能量

要点

◆焦虑会使领导者产生困惑。它影响人们对新技术、竞争、顾客喜好、预算缩减、骤然裁员、改进的组织结构的反应。

◆ 高度紧张会带来流言蜚语，助长依赖性，产生冲突，甚至导致麻痹。

◆ 你可以把焦虑当作一件必然要经历的困难，也可以把它当作有价值的朋友。

◆ 把焦虑视作“被封存的激情”会带给你更多非常规却有用的领导才能。

◆ 在本章中，我们会向你展示如何把焦虑转化成创造力，虽然这种创造力被超出你控制范围的情况所压制。

焦虑，每个人都会有。没有人喜欢这样的感觉。如果你观看晚间新闻，有可能沉溺于焦虑。你可以把注意力集中在单一的重大事件上，也可以体会混沌世界中自由漂浮的蝴蝶。在中学和大学里，你在考试、测验的时候都曾遭遇过焦虑。那时假如你学会有技巧性地处理它，你可能会成为一名拔尖的学生。假设你把它当作让自己非常痛苦的缺点，而不是纠正行为的一扇门，那么你就无法成为一名优秀的学生。当意外发生时，你面临两种可预测的挑战：一种是控制自我情感，另一种是帮助他人去控制他们的情感。你可以否认焦虑，咒骂它，或者指责身边的人——这个人常常就是你自己；你也可以用焦虑的感受发现新的创意来源。

管理你自己的焦虑

新的神经学研究发现：人脑中的基因变异会使得有些人天生就很少焦虑，更容易忘记恐惧和不开心的经历（弗里德曼）。如果你是那20%拥有这种基因的幸运人群，遇到焦虑时，你就更容易应对之后的情形。如果不是，你也可以通过增长对混乱、含糊以及紧张的忍受力来提高自己的领导能力。你不需要知道为什么会焦虑，只需要承认这种情绪。这常常起源于你的胆量，帮助自己最好的办法就是允许这种不稳定的情绪流露出来。只是不要急忙采取措施，你需要像国家避免一切损失一样对待焦虑，或者把它当作“被封存的激情”去体验（波尔斯，赫夫林和古德曼）。当一场会议陷入了混乱，怂恿撤退或者快速处理是不可避免的。不要惊慌，假如你多等一段时间，就能让自己冷静下来，帮助大家释放情绪，找到更加清晰的思路，向着创新的方向移动。

“我处理焦虑唯一的方法就是付诸行动。”

麦克 · 沃德，经理副总经理

宜家家居全球零售（美国宾夕法尼亚州康舍霍肯）

多年来，我自己控制焦虑的方法就是尽可能快地去发泄。当我很安静地开车回家或者去工作的时候，偶尔会感受到胃部的疼痛。事情变得越难，就会觉得疼痛越严重。我处理焦虑唯一的方法就是付诸行动，我用这种方法很多年了。现在开始焦虑的时候，我都能控制自我，而且我能说："我绝不会去那里！"我开始理解扮演领导者角色的核心是相信真实的自己及周围的人，能真正地和大家一起谈论自我的创造力并投入进去。

在会议中管理好自己

没有什么比在会议中练习控制自我焦虑更好的地方了，那是领导花费时间最多的场所。假如有人谈论过多，就要注意会发生什么；若是无人发声就感到一种紧张感，要是有人做出一些离谱的事情，那种紧张感能让你迅速做出不假思索的行为。要当心那些喜欢批评、判断、抱怨的人，还有一些人只是喜欢声称是代表"为每个人"发言。当你作为领导时，大家都希望你能注意到他们。那么，你就会变成父母、老师、老板、警察以及他们知道的所有权威形象（请看第四章的详细说明）。

改变期望：四屋变换理论

让焦虑的感觉为你所用是一项非常规的技能。当事情变糟糕时，有一个帮助大家控制感受的简单方法。这需要使用基于我同事克拉斯·詹森的深刻见解所绘制出的图形，他是出自一名瑞典的社会心理学家（图表具体见“改变的四间房”）。我们以此平复焦虑，如黎明必然会来临，也如呼吸一般常见。你会惊讶：这样做是那么容易。

四屋变换理论解释了这个故事。如果你把它藏在心底悄悄使用，那么当人们挣扎时，你就会减少过度反应的可能。

满足之屋　在这间房屋中，所有事物都是美好的——无忧无虑的世界，柔和的灯光、音乐，还有安乐椅。你不会想改变任何事物，可随后发生了一些不开心的事情，就像突发性的雷暴和地震。你需要寻找出口，离你灵魂最近的出口就是那扇标有“拒绝”字样的门。

拒绝之屋　这间房屋没有窗户，会让人觉得呼吸困难。你习惯性地自我审查，将注意力集中在自己的感觉上，假装什么事都没有发生。在意识到有庞然大物走近之前，你可以在那里端坐良久。通过审慎的觉察，你可以发现曾经

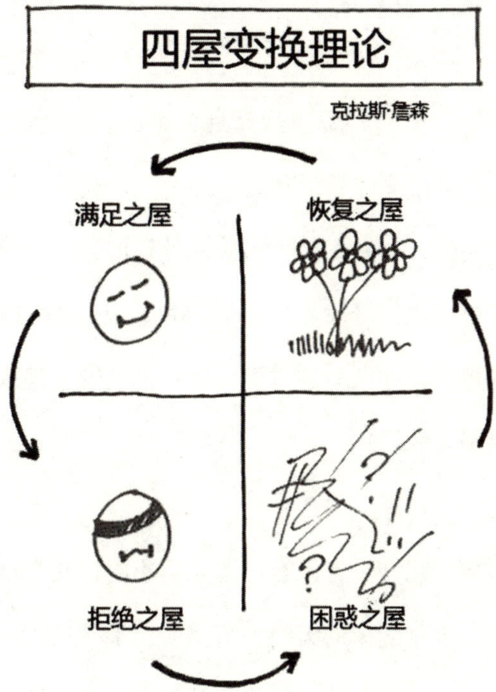

改变的四间房

埋藏的情感，如愤怒、失意，还有恐惧。现在，你察觉到另一种强烈的冲动：想要出去！但是，你无法再次逃离自己的处境。

困惑之屋 你从拒绝之屋逃出至困惑之屋。知道自己焦虑，却在房间中责备他人。你被混乱与冲突占有，开始挣扎。大家可以选择打斗、逃跑或者找个地方藏起来。你作为领导，却如旁人一样困惑，你本应该去处理这些问题，可却想要逃脱。

数十年里，每个大型项目开启时，我们都会访问这间房屋。我们经历了许多才领悟到逃脱的艺术。这并不是挣扎或者逃避就能解决的，也并不能想出快速处理的办法。但逃避比你想象的要简单多了：可以让每个人都用言语表达自己的感情，描述个人的想法，寻求新的选择，以及推迟解决问题，从而让我们听到每个人的意见。

恢复之屋　几分钟就像经历了几个小时，几个小时像过了好几天一样，恢复之屋的大门不可避免“砰”的一声开启了。这间房屋是受灵感支配的，任何事情都有可能发生。这也就意味着可以拥有比大家想象中更多的方法离开。

你必须选择

随后你面对自己的经历，每一个“是”都意味着一千个“不”的选择。对于一个吸引人的决定，一个坚定的“是”最终会导致大家回到满足房间，回到自己去过的地方探索。满足是所有房间中最多产的。人们希望领导者会带领他们在满足和恢复中不断前行。没有人喜欢否定和困惑，可是没有人能避免这些，尤其是我们或者是你。最好的策略是深呼吸，不断讨论。所以，我们这里推荐的视角适用于任何充满紧张感的情况：**焦虑是你转变思路的契机。当矛盾升级，交谈将是你最好的投资。**

焦虑的众多好处

基于多年的经验，我们知道当人们产生焦虑的时候，领导力起了绝大部分的作用。当人们满足的时候，没有人想要行动。若是否定他们，他们也不会行动。当你体验过混乱，每个人都觉得焦虑烟消云散，却不知道究竟是怎么消失的。这就是通往集思广益大门的钥匙。

为什么好的领导力意味着重视混乱、焦虑和挣扎——一个没人喜欢的处境？我们要说的是在这个日新月异的大千世界里接受这样的人类处境。焦虑标志着为正确的发泄方法找到了出口。

“我决定控制自己的焦虑”

索菲亚·克里斯蒂，前首席执行官

伯明翰东部及北部基本医疗护理机构（英国伯明翰）

我曾经是控制重构传统保健系统的执行总裁，我需要几位先于我了解这个项目的人。我们邀请了医院的同事、当地的内科医生、理事会委员、病人以及自愿供应部门，召开了一系列的会议。他们为我们将来的规划各抒己见。我的目标是在核心目的和战略上能达成一致，同时也需要将3个宏伟目标贯穿全部。我邀请了一个不同的小组在一场为期两天的会议中将一切组合在一起。我担心大家会听从我做的重要决定，虽然他们比我更了解这个系统。我决定收起焦虑，制定目标。之后跟主治医生和董事会主席离开了会场，我相信这个团队能够胜任。当我告诉所有人这个决定时，我发现自己承担了很大的风险。他们可以公平对待这项任务吗？在医生召开董事会之后，我走出房间，我们面面相觑地坐着说：“我们都做了些什么？”

第二天一早我们启程返回。小组已经讨论出一个清晰简明的目标，甚至还讨论出了一个非常有野心的目标。他们的提议让我惊讶："伯明翰东部不再等待。"顿时我愣了一下。大家通常会用两年的时间等待外科手术，却要用半年时间在门诊预约，这和"不再等待"相距甚远。我的天啊，这要是做成了会发生些什么啊？于是我深刻领悟到，这是个给大家慢慢灌输问责制的难得机会。

我们三个领导人站在房间前面，每个人都在等待我们的回答。我仍然感到震惊，可现在不能打退堂鼓。我站着想了很多，于是深吸一口气，没有过多的动作，向大家致谢，然后继续开会，最终离开房间的时候我放声大叫。我能感觉到旁边的两个人身体一僵。倘若我并没有说这个目标很好可以实施，那么在有人说"我们不能做"之前，就会有一瞬间的焦虑。我不仅控制住了自己的焦虑，还控制住了他们的。没有办法，我会记录下这个目标。建立"不再等待"的服务目标从根本上取决于我们所组织的服务。这很明显，这个目标极其重大，而且很吓人。我在说"好"的时候从来都没有感到如此不安。

两年后我们做了项目评估，请来了不同的人群对我们的目标进行评价，在各方面我们都取得了意义重大的进展：我们已经能够为前期空缺的岗位招聘人员，一些人说他们来这里是因为不用等待服务。

---

10 种处理焦虑的方法

我们的方法不需要特殊训练，而是全部取决于无需用行动来发泄的自觉。我们的应对策略设计能帮助你把会议引起的焦虑转变为兴奋。你所需要的经常会供不应求，直到你从中增加更多耐心。

这一部分提供的 10 种方法有助于你增加耐心。

了解你为什么在这里

每场会议都要提醒自己这个问题，要是不管用，就停下来。“每次会议前我都要花一些时间，”同事拉里·德雷斯勒说，“我会问自己，在这里要做出什么贡献？无法妥协的主要问题是什么？如果知道自己的‘中心位置’，置身于焦虑、争斗、困惑的‘大火’中时，就能够轻而易举地找到并进入自己的位置。”

站在原地深呼吸

你感觉紧张的时候，注意控制自己的呼吸。当面对棘手的人群时，这确实很管用。屏住呼吸来增加压力，将肺部的二氧化碳交换为氧气，你会对做了两次深呼吸的自己感到惊讶。这就是地球上免费能量的最好来源。我们建议如果你下一次再感到焦虑时，就为自己加满油，直到自己冷静下来，不要轻率地做出行动。

阻止自己的负面想法

负面想法就是那些跑偏的想法，甚至是当事情朝着好的方向发展时，也会使人误入歧途的想法。这样的想法会让你想到将来自己无法逃避的问题或他人对自己的责备，会觉得自己这样的想法似乎成真了一般难受。你会有这样的负面情绪吗？其实大家都会有共鸣。倘若你知道等待和保持警惕的益处，就能认清周围的环境。不要庸人自扰，保持好奇心、乐观，是消耗焦虑能量的好办法。缓和 20 秒并不会限制你的选择，相反，你会觉得如释重负，别人也会觉得能够更加安然地度过。

遵循自己的内心独白

开会的时候，跟随自己的意识来一起发掘这一条宽广的地下河。令人感到惊讶的是，我们没多久就会陷入一次读心术，读取他人的动机和态度：那个在桌子下面玩手机的女孩是谁？也许她不想在这里。我应该去问问。可是那样会让她觉得尴尬吧。我觉得没有人想待在这里。每个人都想快点得到答案。我永远也达不到他们的期望。要是我做不到，那还有谁能做到呢？我可是老板，我必须知道怎么去做。

你的内心独白从未停止。若是自己脑海里对紧张局势的意识从扬声器里播出，而且并不止你一人的被播放出来，大家肯定会开怀一笑。想象一下这个房间里充满了每个人的内心独白，这是很正常的。接纳焦虑是你工作的一部分，给自己一个审视现实的机会，注意改变想法，一切会好起来的。

试着沉默

在领导委员会上，我们要求大家起立，闭上双眼，想象自己主持着会议。我们让他们大声说："还有人要补充什么吗？"在这场想象的会议中没人回应。领导站在沉默中，紧闭双眼，当他们觉得必须行动时就举起一只手。每次第一个举手的人之后，在 10 秒左右、20 秒之内，组里四分之一的人已经举起手了，所有人举起手大概在一分钟内完成。有一小部分的人，直到可以坐下前，都会一言不发。

如果你是一个领导者，而且不得不填补沉默，不妨试试在下一次会议中这样做：什么都不做。只要注意你觉得自己必须说话的那一刻。你能静静地站在那里等待三四十秒吗？你当然不能，我们也不能。这是很漫长的一段时间。相反，静静地数到10，它似乎是一个小时，但不会对任何人造成损失。你只需留下足够的空间给一些人去说些改变一切的事情。幸运的是，在每一次会议上总会有人知道说些什么，他们通常不会意识到自己知道。你知道，只有当你等待足够长的时间才能明白。只是等待往往会将会议引向积极对话、现实审查、创造性的合作。这可能是你至今学的最难的一课。等到你体会到了，就知道我们所言非虚，尝试一下吧。

让大家动起来

没有什么比运动更能解除焦虑。当大家想远离任务的时候，就是该让他们动起来的时候。在大型会议中，我们经常运动，还成立了小组与他们进行谈话，并建议他们把个人休息时间安排在日程之外（如果你全神贯注于自己的需求，就不能专注于议程）。你可以让大家互相搭配，把运动与工作结合起来，如去房间外散步，并探讨所有人都关心的问题。

陈述显而易见的事情

鼎鼎大名的格式塔心理学老师弗雷德里克·波尔斯曾在公开演讲时突然停下来说："现在我没什么可说的了。"之后，他便闭口不言。根据会议记录记载，长久的停顿伴随着不安、随意的笑声。停了几秒之后，他终于说："现在，如你们所见，我刚才做的就是一小部分典型的格式塔疗法。我只是表达了我的感受，通过这个表达我设法继续演讲，重新建立我们相互之间的联系。我感到一阵温暖的笑声，觉得这一刻彼此在一起。当我沉默时，我能够应对这种不愉快的情况，应对你我都觉得不舒服的情况。"

当你毋庸赘言时，你会照顾自己，释放他人。以下是我们使用的一些短语：

"对此我们有很多意见，都掌握了吗?"

"不知道你怎么样，但我准备好休息一下。"

"显然，这个问题激起了强烈的情感。"

"在这一刻，我根本不知道该怎么办。"

当你陈述任何显而易见的事情时，请等待10秒。

咨询小组意见

我们时不时地会发现自己处于没有线索的状况中，以致于不知道下一步做什么。如果我们邀请别人来帮忙，他们知道做什么。我们已经学会停止那些没有导向并问大家在想什么的会议。在没有发生任何事情的会议中试试这样做——可以说："等等，我们不必继续这样做下去。"然后走过去问问每个人是否愿意继续做。

自我成长，先听你不想听到的

在每次会议中，我们努力容忍着自己不相信的言论、对立的想法、让我们卑躬屈膝的互动模式。我们意识到自己和他人在这些概念内拉扯着对错、真伪以及话语的含义。当我们体验到自身对消极预测、心灵感应、刻板印象、怀疑和焦虑所具有的潜力时，就会发现这样更容易接受别人的一切。

因此，我们拒绝通过说话、提问、解释、重复或改变主题来管理自我的焦虑倾向。我们试图听到所有意见，却不作出任何反应。某种程度上，我们的行为与人生观一致时，所有的陈述都有价值，也更容易去为别人做同样的事情。

帮助人们接受"拒绝与困惑"

在会议开始前，你只需要花两三分钟的时间来介绍这个概念。通常在墙上张贴图表对每个房间进行简要地描述。当人们知道你接受发生的一切时，他们更有可能做出同样的事情。如果你认为拒绝和困惑是正常的，其他人也会这么认为。“猜测我们一直拒绝到现在”或“我处在困惑之屋”，这种话我们听到有人说过几十次。这样的见解在公众保持团体完整时大有益处。如果他们保持完整，将继续工作。你行，他们就行。

小结

第3章

引导：接受焦虑，广泛传递正能量

当我们做某些事的风险变大、结果不确定时，要学会把焦虑当成一个不可避免的旅伴去接受它。你还可以通过对诸如障碍、分歧和不确定性等自然条件的容忍，来增强你的领导能力。你不能控制别人的焦虑情绪，但可以加以引导。一般来说，高级领导技能的等待时间比平时要长。

如何运用

◆运用提出的四屋变换理论开始进行你的下一个高风险会议。

◆当事情变得不愉快时，深呼吸两三次。

◆寻找机会静默10秒钟，看看是否有人打破沉默。

◆如果他们已经坐了很长时间，可以适时安排活动一下。

◆让大家来回走动走动，互相交谈。

◆如果不确定下一步做什么，与小组成员开门见山，比如说：“好，那接下我们要做什么呢?”

第 4 章

影响：

潜移默化，从感知语言开始

要点

◆如果你是一个领导者，人们会编造关于你的故事，而你会编造出有关他们的谎言。

◆这些故事不为人知，但潜在的感觉和奇怪的行为会将此事暴露出来。

◆他人的言行会影响情绪的起伏，也会对自身行为造成不必要的痛苦。

◆我们的推测会对同事、老板、客户、供应商以及家庭产生影响。

◆常见的回应是收起推测和当面对质。高级课程需要你有你的推测，别人有别人的。

◆在本章中，我们将帮助你体验如何去创造“现实”。

投射[①]意味着把属于自己的品质归因于他人。想想你对一个穿制服或硬白领衬衫的人做出的反应，然后再想象一下同样的人穿着短裤和T恤，你的反应会是什么？这就是推测。或者当你注意到有人说："我的名字是×××，我负责这次的会议。"你又想到了什么？你的抗拒或合作是否取决于那个人的外表、风度和语气，而这些想法仅仅是你自己编造出来的。

当我们投射别人时，可以在他们身上找到提醒我们自身方面的线索。而这些方面，我们可能会否认、憎恶或赞美。这样做，我们并没有多想。希望我们用心去感受那些看到的、听到的或感觉到的人。"我们一起参与相同或不同的会议"是我们已故的同事吉姆·马塞尔科提出的。当你成为领导时，就知道

① 本文中的"投射"属于心理学用语，主要指一个人将内在生命中的价值观与情感好恶影射到外在世界的人、事、物上的心理现象。

这些经常发生的事情是至关重要的。没有人能比权威人士做出更多的预测。我们也很少知道别人对我们的投射，这个过程来源于无意识。

体验你自己的投射

“自作主张”实际上对我们大多数人来说是一个巨大的风险。忘记自己的个性，你的角色就能引来投射。这些取决于设计者的权威经验，你是促进因素，而不是起因。我们长大了会相信别人在某些方面“让”我们有感觉。在这里我们用超越了投射的概念来帮助你每天进行“体验”。我们想提醒你注意，对会议中机缘巧合和一对一中出现的投射进行预测，然后我们会告诉你如何使用这种意识来提高你的领导能力。

“我对自己不觉得失望。”

约翰·奥列杰奎斯特，首席执行官

弗莱徐赛特①（瑞典斯德哥尔摩）

从年轻时算起，我已经当了25年的领导了，早已学会了

① Fryshuset，位于瑞典斯德哥尔摩的一家会议活动中心。

失望而不痛苦。我会对大家的能力失去信心，但不会对个人有什么看法。因为那样做会消耗我的能量，所以失败是可以接受的。只要你能意识到自己的失败，并从中有收获，我就不会对你感到失望。

我们大家都会投射信息在自己身上。当我们信任某个失败的人时，很容易把这当作自身的失败，不是吗？但我并不那样想。我说："好吧，那个人失败了，还会有别的办法。"然后自己会去处理好这些问题。

我知道有些领导会在员工辞职时变得异常紧张，还会生气地对他说："你在滥用我对你的信任。"他们这样说是因为没有安全感，因为他们信任的人将要离去。但是这对我来说并不意味着做错了什么，反而表示这个人正在勇往直前，而我也许只是他前进过程中的一部分。

尽管在现实中，投射是最好的体验，你也可以自己对这种现象进行研究。我们有一个简单的方法，会带给你新的见解，同时运用到实际中去。这样的练习会带给你更大的信心，以及在领导他人时的自我放松。

尽可能多地发现自己

你对自己的投射感受越多，你根据这些投射行事的可能性就越小，糊里糊涂削弱自己威信的可能性就越小。这个窍门可用来一有机会就发现自己崭新的一面。谈到“拥有”，我们所指的是接受自身的性格，无论这样的性格你是赞美还是憎恶。因为益处多多：

■你将能够领导各种人员。

■你将不太可能拒绝他人或把他人理想化。

■你将从“必须完美”中释放自己。

■当意外发生时，你会控制焦虑情绪。

■你的自我意识将经受更少的风险。

■你将减少采取个人行为的倾向。

我们如何在投射中融入“感知”

投射从我们的感知开始。我们从两位非凡的个人成长专家——约翰和乔伊斯·威尔那里学到这一点。他们告诉我们如何把图像变成我们独有的“感知”。这个过程从我们的感官开始，我们看、听、感受或以其他方式去体会自己身体的感觉。然后大脑编造了一个故事，而我们表现得似乎这就是真的一般。为什么会这样呢？因为我们以这种方式来享受无意识的极乐，并且减少痛苦。

你会发现是你造成了自己的痛苦和快乐，从你独特的一套“过滤器”中形成了认知，这样的“过滤器”包括基因、家庭、文化、种族、教育、宗教、性别、年龄、价值观、梦想、健康等。你的配方独一无二，我们都在大脑屏幕上不停歇地放映着一部电影。脚本先是一连串的评价、判断、需求和愿望，其次是好与坏的感觉。比方说，这就是为什么你可能感觉到别人“精力充沛又热情”，却有人认为这样的人是“失控的”。

改变印象，改变人生

每一次互动都有自我发现的萌芽在其中。举例来说，当你对某人感到心烦意乱时，你正在感受着值得进一步了解的自己。可以确定来源——就是你所看到的、听到的或触摸到的。这是外部的来源。你用它做什么完全是你的事。所有的行动都是内在的，我们每个人都拥有这些。每个人都拥有自身独一无二的交往方式。而且在世界上，这种交往方式并不会存在于别人身上。联系你未察觉的部分是成为一个更好的领导者的关键。你发现的部分越多，你就越不可能被别人“钩住”。你将在新的局面下大大提高灵活性。你会减少对赞美的依赖，不轻易责备旁人。你有效领导的人，其范围和多样性都会得到拓展。

说“感知语言”

幸运的是，有一种方式可以提升这种自我发现。韦尔一家人为了这样的目的，创造了有关英文的语言变异：约翰将此命名为感知语言。他将其与目标语言在日常语言的语法方面进行了对比。在目标语言中，使你的经验客观化，让事情不断发生在自身。在感知语言中，你是成为自身经验的原因。无论他们做什么，你内在发生的事情都来自于你自己。这是你看待世界的方式。感知语言唯一的功能是让你体验如何创造自己的真实。

下面的内容刚开始看起来可能很奇怪。如果你尝试一下，也许会获得其他方式下无法提供的见解。在感知系统中，你用自己的感觉“做”自己。世界就在那里，因此，感知语言只使用人称代词，如我，而从不说“它”“这”或“那”。感知语言只使用主动动词，描述内心所想的每一个动作。在感知语言中，你还会在每个名词和形容词里添加含有“我”的短语部分。

因此，在目标语言中你说：“我对那个愚蠢的问题感到无聊透顶。”在感知语言中你说：“我对那个愚蠢的问题中提到“我”的部分感到厌烦。”

如果你大声念出这种语句，可能会非常清晰地体验到内心投影的屏幕。你将提升与员工相互之间的交流和领导技能，你会使员工更易完善自我。你每恢复一个无法触及的部分，都会从自我强加的极限中释放自己。你将永远不会再被其他人的特质“钩住”。

例如，主持会议时，我们深刻意识到，那些坚称是自己让所有事情都变得毫无压力的人会让人变得愤怒。反思这一点，我们来看看如何强迫自己。我们和别人一样不喜欢焦虑。知道这一点，我们对完美主义者变得更有耐心。在感性语言中，我们用“自我的完美主义部分”来“耐心对待自己”。当然，没有人会这样说。尽管你学习了很多，但是，要在没有人能听到的地方大声说这些话。

感知语法 101

你可以通过运用下面的 4 条语法，学习感知语言。

1. 让自己成为每个想法、感受和行动的源泉。把“它”“这”和“那”变成“我”。

目标语言	感知语言
“这没有关系。”	“我不介意。”
“这很有道理。”	“我理解。”

2. 把被动语态的动词变为主动语态。让自己时刻成为主动者。

目标语言	感知语言
“这让我觉得无聊。”	“我觉得很无聊。”
“这让我觉得刺激。”	“我觉得很刺激。”

3. 对于每个名词或者代词，在“我”这个词或者含有“我”的部分之前添加短语。

目标语言	感知语言
"你让我觉得很沮丧。"	"我中有你让我觉得沮丧。"
"他让我的生活趣味横生。"	"我中有他让我觉得生活趣味横生。"

4. 现在放弃"我认为""我觉得""依我看"这样的说法，而用这样的短语来代替：我让我中有__________成为我__________的一部分。

目标语言	感知语言
"我认为她很了不起。"	"我让我中有她成为我了不起的一部分。"
"我发觉这个团队很困惑。"	"我让我中有这样的团队成为我困惑的一部分。"

注意你的（感知）语言

我们强调一下，感知语言并不是日常对话的内容。如果你在会议上说"PPT 是我的组成部分"，那么很多人都会觉得你疯了。你可以用感知语言去重新定义那些自己创造的内部状态，目的是"提醒自己"每件事都先开始于你的感觉，其次才是你的头脑。在那之后可能发生任何事情，没人想知道你在“你中有他们”这样的感知投影上的收获。可是当你变得更加能够接受他们的缺点时，他们也许会体验一场新的“他们中有你”。

你能够在任何时候用感知去思考。当主持战略会议时，我们重视运用自己的能力去转换思维。大家的判断在我们听来是我们中有他们的部分，而不是客观的评论。我们竭力聆听（我们中有）某人如何将（他们中有）整个世界融合在一起。

参与者:“继续这样重复下去，我觉得很沮丧。”

我们（默默地转变思维）：“我让我中有她成为她沮丧的一部分。”（她在谈自己的经验，并不是让我对她的沮丧负责。）

我们这样做，会了解更多自我，变得能够更加包容这样的他们。

感知自己的经历

如果你能在自己的感知语言中做自己，那么便不太可能认为别人在针对你。下次若有人说些什么来批评你，你就（对自己）说：“我批评我中有（人名）的自己。承认你做出反应，称之为批评，因此感到愧疚，产生了这样的想法。另一个人则成为你感知屏幕上的图像。

开会时，桑德拉曾注意到一个在房间后面做鬼脸的人。这位女士的脸上除了反对的表情，其他什么也看不出来。桑德拉觉得她让自己不舒服。她的问题是什么呢？休息的时候，这位女士走了过来，桑德拉想：哇哦，好戏要开始了！

“我必须要告诉你，”她说，“你让我想起了我的妹妹，我并不喜欢她。但是你不要以为我在针对你！”

小结

第4章

影响：潜移默化，从感知语言开始

投射意味着体会“外部的世界”成为我们的一部分，我们可以喜欢或拒绝。没有人对你做什么，体验投射的一个主要好处是足够摆脱他们，会让你停止猜测别人的话语或行动。以这种方式处理，你可以决定自己的判断、恐惧和幻想。你“做”自己，把别人对“事实”“真理”以及“现实”的陈述作为你感知的部分。你可以减少任何因为个人的做法或想法就去责怪别人的倾向，而控制投射是办不到的。辨认出投射——在你自己和他人身上将其定位出来——会赋予你更多的领导才能。发现自己很多的部分会带领你发现其他人的部分。

如何运用

◆阅读完这一章节后，罗列出自己积极的部分和消极的部分。

◆你能想起最近自己投射到别人身上的任何部分吗?

◆花点时间去锻炼自己的感知语言，可以跳转至附录 A，完成感知语言练习。

第 5 章

存异：

擅用小组，正向激活团队能量

要点

◆我们很多人都倾向于争吵和走极端，或者全程保留自我的意见和感情色彩。

◆很多领导技巧的培训包括克服、规避、缩减、限制、抑制和消除那些我们大多数人自然而然的倾向。

◆这不是全部，我们也同样含有内在的合作、集体、创造力及完整性。

◆大千世界中没有任意两个人是一样的。由于环境因素，我们要么在做好事，要么在做坏事。当我们把负面行动的影响最小化，高级技能会将所有的感情合理化。

◆差异是不能被控制的。

◆这一章节我们会示范一些简单的方式，教大家在受到差异影响时，抓住即将偏离目标的瞬间。

第二次世界大战后不久，社会心理学家所罗门·阿希为了探索人们抵抗集体压力的条件，做了非常著名的试验。他给每位学生志愿者发了一张画了一条线的卡片，要求他们在另一张卡片上选择一条与刚才卡片上完全相同的线，新的卡片上画有一条正确、两条错误的线。除了一位“试验对象”，所有人都收到指示选择错误的线。该试验对象一再选择不同答案。十几组试验中，4 位中的 3 位试验对象假装选择一致。阿希发现，大多数试验对象最终会放弃真理，而不会独树一帜。

从集体压力中解放出来

阿希改变了试验方式。他给试验对象分配了一个（秘密的）盟友，事先就交代他要给出一个与大多数人背道而驰的答案，只要有一个人提出异议，另一个人就会说出正确的答案。于是阿希让盟友离开了房间。几乎每一次，试验对象都回归选择他们明知是错误的答案。阿希发现，要坚持真理，人们至少需要一个盟友（阿希和福舍）。几年后，我们有幸访问阿希，他告诉我们："我想建立每个人都可以脱离群体压力的条件。"他以为来自理智的根据会让他们坚定不移，但他惊讶于在没有盟友的情况下，只有少数人能够对抗有错误的集体。

我们把阿希的意外发现称为组成小集体（subgrouping）。他创造了由不同意见联合的两人联盟，给他们很少的精神支持，他们就能勇敢地面对集体压力。阿希告诉我们，他从来都不曾想过自己的发现会应用到企业经营上。下一部分我们会向你展示如何将运用组成小集体作为领导的艺术。不过在最简单有效的高级技能里，这也只是其中一种方法。

确认子群组的力量

在第一个飞速发展的 20 年里，小组系统中心论的创始人伊冯·贾扎里安正在学习如何帮助大家配合协作，尽管大家之间存在着不同。她发现大家在发表具有争议的言论（例如"没有人知道你在讲什么!"）时，都在冒着被忽视、胁迫和攻击的风险。他们内心是想要从任务中释放自己。贾扎里安发现她可以带领那些显露出深陷危机的盟友进行负面对抗。她称这为“找到一个小集体”，即使只有一个人分享了自己的困难境地，大家也会平静下来，继续工作。

我们满世界重复阿希和贾扎里安的发现。在会议中主导矛盾争执时，你不需要判断任何人的习惯或性格，也不必因为强烈的负面情绪而推迟会议。在情感威胁破坏生产劳动的罕见情况下，你才需要抬出小集体。与其害怕争执，还不如发现那些可疑的行为，作为创造契机来集中大家的注意力。你能够保证小队和小组完成任务，却没办法顾及他们之间的差异。

“一旦路易斯加入，我们意识到她的

‘特立独行’多么的冒险……”

索菲亚·克里斯蒂，前首席执行官

伯明翰东部及北部基本医疗护理机构（英国伯明翰）

我的主管团队主要是理性的思想家，他们收集证据进行论证。我们有实力强、智商高的资深管理者。我们的临床护士和治疗师中大多数在情感方面更加熟悉。我趋向于理性，集中精力要赢得这场争论，而不去注意别人的感受。当我意识到，运营总监路易斯是高管中唯一一位更倾向于感情而不是证据的人，我便知道这是我的一个盲点。

我们正处于巨大的变化中，重新设计服务项目。当员工们不喜欢某些变化时，路易斯会反馈给我们。只有路易斯会谈论对这些变化的反对，这就使她可能在领导团队中被孤立。我看到这样的场景，简单地询问管理团队："还有别人说这些问题吗？团队里还有别人有同样感受吗？"经过反馈，会议相关人员相继补充案例，这个问题得到了更多的关注。

一旦路易斯加入，我们意识到她这种"特立独行"是多么的冒险，因为她会认同员工的感受。在那之后，比起推翻这样的问题，我的团队则更加努力地将她的关注点作为重要的情报数据收集起来，并使它们合理化。

我们是如何扰乱自我的

从这个角度来看，做领导能成为一项挑战，源于不会有人对差异无动于衷。从我们的祖先生活在洞穴的日子说起，我们这个物种对其他家庭、部落、村庄都是有成见的。了解他人之前，我们也许就草率地给他们分类。即使现在，在有陌生人的房间里，大多数人还是倾向于被那些看起来和自己很相似的人所吸引，而远离与自己不是一类的人。我们不假思索、对立地区分男女、贫富、老少、胖瘦、高矮、白种人与黑种人、健全与残疾、疾病与健康、高床软枕与无家可归、工作和失业。

这种无意识的趋势大多是无恶意的。但在极端情况下，对他人负面的成见可能是性命攸关的，任何居住在北爱尔兰、中东或南非的人都可以告诉你这一点。模式化的概念开始于"天主教徒……""新教徒……""以色列人……""巴勒斯坦人……""黑人……""白人……""拉丁人……""亚洲人……""富人……"和"穷人……"，而以持续了几个世纪却完全不被接受的寻根究底而结束。要体验这冰山的一角，没有什么比开一次充满情感的会议更好的了。一旦开启这些过程（大部分无意识的），你可以告别任务重点、创造力和承诺。

我们召开会议为接受福利救济的人们创造就业机会。与会人员包括福利受益人、银行家、企业家、社会工作者和县乡官员。赞助商提到了家庭和雇主的福利，福利小组描述了找到工作有多么困难。因此，雇主小组进行了民意测试，宣布他们有1000个岗位空缺。

“只要你真的有上进心，”一位企业家对接受福利救济的人说，“你就可以轻而易举地在这里找到一份工作！”

一位生气的母亲上钩了：“你对我的生活一无所知！”她回击道，“我已经应聘了一些工作，可是你们这些面试官都只注意到我是黑人！”

几秒内我有了两个墨守成规的小集体，他们的争执就要中断这场会议。我们需要把大家的注意力放在任务上，却也不能忽视这个问题。会有盟友出现吗？气氛越发的紧张起来，我们的心跳间隔时间都长了。终于，在没有人督促的情况下，一位老板面对这位愤怒的女士说道：“你说得对，我确实不知道你的生活是什么样子的。但是我想了解更多。”当这位老板成为这位女士的盟友，每个人都会觉得放松，继续开始这项任务。

小集体的形成与重组

在会议中，隐藏的小集体在每次发表意见的时候都会形成与重组，甚至会议似乎有序地掩盖了未曾吐露的愿望、判断和冲动。每个人（秘密地、默默地）赞成、否认或忽略一切。撇开系统中人的善恶来说，工作中有一个无意识的动态系统。

但几乎没有人意识到它的存在。如果会议是一个动漫面板，你会看到每个人的头上都有个小小的气球，里面会有一些说不出口的评论，比如“这是我听过最愚蠢的事情”“我永远不会有勇气说这话!”“这真让人分心了”“绝妙的见解啊!”

我们很少会说出这些想法。当有人说的话引起小组的焦虑时，有些人会等待领导来处理这样的不适，有几个人可能会叫板说话的人，但大多数人什么也不说。然而，当说话者的话引起焦虑时，任务就变成了次要的。大家专注于自己对这些话的感觉。每个人都想知道领导是否会采取行动。

创造功能性小集体

幸运的是，理解小集体带给你新的领导权。用几句话概括，你可以将人们从无意识的模式化转变为功能性行为（我们在这里使用其功能性是指促进增长，而不是描述人们的工作）。

阿希表示只要每个人都有位盟友，大家都能保持自信。贾扎里安表示只要有一个小集体提出颠覆性的观点，小组就能够继续工作下去。

这个观点太容易被漏掉，所以我要认真地重复一遍：只要每个潜在的“刺儿头”都有一个盟友（即有人和破坏者的观点感受相同），那么这个小组就会更容易将工作目标坚持下去。

之后你最细微的领导行为会变成帮助那些脱离会议主题发言的人找到盟友。当你这样做了，任务小组会照顾好他们自己。这种现象在商务会议中很容易观察到。你可以告诉人们什么时候参与最合适：

■当他们提出想法的时候。

■当他们提出问题、回答问题的时候。

■当他们询问消息、提供信息的时候。

■当他们依赖彼此想法的时候。

当一个人做某事引起他人的焦虑时，这时你就需要高度警觉。如果一个小组两极分化严重，争执不下或者逃避工作任务，那么你需要准备采取行动。你会觉得一阵阵的反胃、心情沮丧或头脑里响起了无声的警钟，这些都在提醒你。当你感觉到、听到或想到这样的情形时，我们推荐你做一个练习，这是我们从贾扎里安那里学到的。这个练习不仅简单，而且快速有效。

4 种轻松管理小集体的关键技巧

这里将为你介绍 4 种可以用来管理团队和任务小组的技巧，可以让你在解决问题、决定对策、计划召开会议之际运用。比如说，我们甚至和一百来号人在市政府会议上将麦克风手手相传。

■学会问这样的问题——“还有谁有疑问吗?”

■用小集体来阻止两极分化

■耐心等待每个人的发言

■帮助大家辨别自己的位置

学会问这样的问题——“还有谁有疑问吗?”

这种技巧出奇的简单。当你听到有人感情用事地做了可能会扰乱工作的陈述时，可以问问大家谁还有类似的感觉。例如：

参与者：“我很失望，似乎没有人关心我们在这个上面浪费的时间!”

大家有可能会争论起来或者避而不谈。无论哪种情况，小集体在这时就形成了。找到一个非正式的小集体来接手管理风险，在这种情况下，即便是你找到了认同“浪费时间”或“受到挫折”的小集体，也无关紧要。

领导者：“还有谁有挫败感吗？或者因为一些别的原因有这种感觉，”又或是：“还有谁觉得我们在浪费时间呢？”

当有人举手表示赞同时，请让他举例来说明。大家在知道发言者不是一人一个阵营的时候会感到放松。不管怎样，有时候大家会忽略这个问题：提出一个新的观点没有回应，像是空气中的烟雾通常只留下些零零散散的感觉。

领导者（承认这种未结束的感觉）：“我想重回一分钟前［×××］提出的问题，还有谁同样觉得沮丧吗？”

停顿一下，环顾四周，如果觉得需要，可以重复一遍这个问题。这样做的目的是不要让这种挫败感结束，有这种感觉是可以接受的。

领导者（对那些同样点头说是的人）：“那你们都经历了些什么呢？”

一两个人会举出例子，好似这个小组又继续开始工作了。这样一场战斗就有可能成为一组对话。这种简单的领导行为能够帮助人们接受彼此的观点，而不是使彼此间的挫败感持续升级。

“还有谁有问题”法则 倾听是种强烈的感受，许多陈述都不需要共鸣，这也会让他们觉得满意，把大家接受批评也作为对话的一部分。

仅仅列举言辞中没有人身攻击或者导致纷争的内容，如果有，将其标记出来。

参与者：“我对现在发生的事情感到很困惑。”

领导者：“还有人觉得困惑吗？”（这比“让我来给你解释一下”要好）

如果问题造成了潜在的分裂，不要让它极端化。相反，去靠近声音背后的感觉。换句话说就是，找到一个情感的小集体，使所有的情绪合情合理。

参与者：“我觉得这个观点让我有些坐不住了，__________________。”

领导者：“还有谁有同样的感觉吗？无论什么原因都可以。”

会议中出现非正式小集体 会议期间出现随意的小集体让大家知道所有的想法和感觉都是可以接受的，因为这样做，他们更有可能把任务放在第一位。我们必须强调一下，我们不会每隔几分钟就说“还有谁？”即使在一场三天的会议中，我们也很少会问这句话超过一两次。如果你从一开始就设法允许一切感觉和想法的呈现，那么大家在处理之后的工作时就不会争执或逃避。当团体认识到参与的力量时，有人自然而然会问是否别人也有同感。事实上，即使你不是领导者，你也总是可以问："还有谁?"如果你不确定他人立场，可以借助暴露你的小集体而让自己参与其中!

假设无人参与 可能过了好一会儿，大家还是用沉默回应"还有谁"这个问题。

参与者："这对于我来说太浪费时间了。"

领导者："还有谁觉得这是在浪费时间吗?"

周围鸦雀无声，只有紧张感徒然升起。就算是感觉永远也没个尽头似的，也不要害怕，先等待 10 秒或 15 秒钟。我们建议先检视自己的内心，看看自己是否能够真正地加入那些为你挺身而出的人群中去。

领导者："此时此刻在这里我认为自己在浪费时间。"

假设你自己不能真正地融入他们。

领导者："此时此刻似乎只有你自己这样认为。你可以继续了吗?"

用小集体来阻止两极分化

有时人们会陷入与别人有所冲突的信念、对问题的不同解释、解决方案的分歧或决策的差异中。他们的确可以不同意，但是却不能换个话题离开。当不满足于问及“还有谁”这个问题时，我们还有另一种技巧。正如许多领导人相信这样做不会引起冲突。相反，可以让大家想想自己的定位。

■停止行动。

■让那些支持 X 立场的人举手示意，然后再让支持 Y 立场的人同样举手示意。暂不讨论。

■接下来，请 X 小组的人员互相交流意见和建议，Y 小组人员耐心倾听，给他们 5 分钟。

5 分钟结束后，两组交换角色，Y 小组人员讨论，X 小组人员倾听。结束后，让每个人比较一下自己的反应。几乎每个小组都会发现无人所知的差异。这种差异范围很大，然而大家还是会与别的小组一起指出出人意料的相同之处。贾扎里安称其发现明显差异中的相似性，以及明显相似性之间的差异，可以更容易解决转换话题的问题。人们开始注意到相似之处，而不是差异之处，才成就了这种标新立异的工作方式。一旦你把这种方式推广开来，你就会感受并相信其中的奇妙之处了。

耐心等待每个人的发言

你怎么知道一个小组准备好要换话题了呢？一条线索就是

大家没有办法继续往主题中添加新的东西了。甚至有一种更可靠的迹象就是我们所说的总结陈词。意见不同的组可能停留在两者之间，或只是专注在对话中。如果花了很长时间来等待对话结束，通常会有人自愿去打断这么长的对话，并认识到任何极端的一面都是有用的。你不需要做任何事情，只需静静等待。

最多两天，市民们就提出了改善团体经济的想法。当大家签协议的时候，房地产开发商对流域保护者说："你们这些人反对了每一个项目，只要你们妨碍了工程进度，我们就会丢掉体面的工作。"

小组内紧张的气氛骤然升起。领导者鲍勃·伍德拉夫与邦妮·奥尔森让他们训练有素地站在那里。整个房间陷入了令人尴尬的沉默。

过了几秒后，另一个开发商站起来指出万事大吉了，包括工作和维护："我们都依赖我们美丽的环境，"他说，"我们也都想在该地区做好工作。"没有必要问"还有谁"的问题了。这句话让每个人都平静了下来。

当你在等待的时候，经常会找到控制场面的人。如果没人行动，你总能琢磨出两种强烈的观点。也许会提及，与其去处理问题，不如好好管理一下两极分化的现状。

帮助大家辨别自己的位置

人们只有在知晓自己的差异时才能重新融入集体，他们需要听听别人的想法，否则，协议不可能达成。任何时候你想进一步确定大家的不同之处时，四处走走会给你可靠的安全感。若是陷入了困顿之中，我们强烈建议去问问每个人对这个问题的想法或感受。几乎总是由这种行为产生的信息，会给予每个人之前不明了的选择。

小结

第5章

存异：擅用小组，正向激活团队能量

按功能分组的做法就是基于相似的经验、感受或观点，邀请大家结盟。只要没有成员孤注一掷，小组就会继续进行。争执或逃避的方式会帮助人们感受他们职能上的差异，而不是老一套的那种差别。你可以借助小集体来做到这一点，如果顶罪或分裂似乎也可能做到的话。在发生冲突的情况下，你可以临时组成小集体，人们可以在其中摸索自己的位置。大多数时候，他们发现合理的观点时，会去解决问题，继而继续开会，避免发生不必要的争执。通过调用功能小集体，你几乎不用担心会发生争执的问题，可以轻松地控制冲突。

如何运用

◆ 下次会议上，虽然你不希望、但是有人说了使气氛紧张的话，决定是否要为这个人在内容或感情上找一个盟友。

◆ 如果你领导了一个观点变得极度极端的小组，请停止行动并使用小集体进行对话，看看能否让大家继续进行。

◆ 当大家不确定接下来如何做，开会的时候先四处看看，弄清楚情况。

第 6 章

高效：

深入了解，合理安排组织工作

要点

◆每天有成千上万的会议召开，却唯独没有核心人物参与其中。

◆ 每个领导者都知道，若无核心人物参与会议，会浪费时间开更多的会议，进而造成损失。不但拖延会议进程，问题也迟而不决。虽然承诺负责却效率低下，还会引起政治博弈，导致愤世嫉俗。

◆ 改进企业构架：开会时，邀请所有重要的伙伴参加，如此又怎会浪费你的时间呢?

◆ 高级技能就是无时无刻选取恰当的人选，这是你可以控制的。

◆ 这一章中我们会教你如何去做。

你能做的、最简单的领导行为就是在一个恰当的时间、地点找到恰当的人选。这应该是你制定战略计划、解决问题或执行决策的基础程序。当然，这可能很难做到，但这是否会比浪费时间更难，会比自己知道浪费时间以后更沮丧?

你有各种理由去询问每天的会议："需要派谁去那里完成这项工作?"让我们大为吃惊的是，就如同知道他们自己的名字一样，领导者却还是没有成功做到。我们不是在谈论涉及、参与、投入、反馈或聚焦到小组，而是正在谈论用最短、最快、最经济的方式来解决问题，同时做出需要多人合作的决定。我们认为每次在会议中获得合适人选的任何领导人，都会毫无疑问地打破惯例。唯一"高级的"做法就是鼓足勇气坚持下去，仅仅当你能够从他们身上得到自己想要的东西之时，再安排会议（我们第一次坚持下去时，用网络做这些事情比

25 年前容易得多）。

我们明确地向你解释一下什么是合适的人选，即完全拥有以下这些特质的人：

■A 素质：行动的权力（Authority，例如：做出决策的权力）

■R 素质：资源（Resources，例如：联系人、时间、金钱、资产和想法）

■E 素质：专业知识或技能（Expertise，例如：专业的技能，渊博的学识）

■I 素质：信息（Information，例如：别人该知道的事实，该有的经验）

■N 素质：需求（Need，例如：那些受到影响的人）

这 6 个单词的首字母拼凑起来就是 ARE IN（参与其中），尽管我们从未打算这样组合，这也同样适用于工作中吧？

“选择合适的人选是我们在每场会议中无时无刻都要考虑的事情。”

迪克·霍沃思，名誉主席

海沃氏公司（美国密歇根州荷兰）

我认为房间里的合适人选决定了最终结果。这意味着创造一个环境，让大家可以与系统的其他部分进行接触。例如，规划总部大楼时，与其在会议中争吵不断，不如我们从一开始就把“全系统”带入房间。我们没有一个建筑师可以闭门造车地去设计一栋楼房，还能吸引三个人去竞标。我们首先选择了一个建筑上的合作伙伴，他们帮我们设计了一栋楼房，这幢楼房不仅成本低，还能满足客户的需求。所有参与者都必须了解我们客户的想法。你要想做到这一点，只有在正确的时间内，在房间里选择正确的人。

我们总是会觉得有一些紧张。人们喜欢蜷缩到一个角落，完成自己所有的事情。但是，选择合适的人，是我们每场会议无时无刻都要考虑的事情。你一个人独树一帜创造的结果造成了很多浪费，于是想要改变别人，重新返工。要是一开始有合适的人在现场就不需要这样做了。我们正在努力改进建筑的设计和建造，最终，我们整个行业都将以这种方式设计、建造新的设施。

行动迅速，创造条件

正确的人在一起讨论，可以在几小时或几天内完成复杂的任务，不然可能需要几周、几个月或很久才能做完。我们的证据很有说服力，能证明“整个房间的系统”可以改造你的行动力。在研究了自己和别人做的项目后，马福最先公布了这条原则（韦斯伯）。

让“每个人”都满足三个需求：第一，找出最实用的事去做；第二，让尽可能多的人做这些事；第三，告诉核心人物自己很尊重他们的判断。没有人会找到比面对面谈话更好的方式。自 20 世纪 80 年代以来，许多领导人已经发明了创造性的方法来应用这种技能。只要你以核心人物开始，就可以随时随地、每时每刻达到任何目的。

6 项基础训练教你获得合适的人选

以下 6 项基础训练会让你时时刻刻收获合适的人选：

■“全系统”的定义。

■合适的人做合适的工作。

■会议的长短与日程挂钩。

■给大家时间来表达自己的观点。

■创建责任担当表。

■要是无法应用“全系统”原则，就试试“3×3 法则”。

“全系统”的定义

我们称“全系统”为完成工作所需的人。我们把这个概念用引号括起来是因为你很少能得到每个人的助力。幸运的是，你只需要那些拥有权威、资源、专业知识、信息和需求的人。哦，还有一件事值得注意：倘若他们不选择从不在现场的人那里获得许可，那么他们便具有行动的能力。

下的赌注越高，你撒网的面积就越大。会议中增加一个人，一切就会变得不一样。计算利益相关的人会使脑子变得混乱。20 人的基础上只要加 1 个人就会增加潜在的几十个、几百个，甚至成千上万个新方案，但是他们必须互相合作。

“我体验过真实的全系统，而不是想象中的。”

约瑟芬·随杜蒙特，前董事长，

宜家家居（瑞典赫尔辛堡）

作为一名高级管理人员，我面临着中国在转移发展供应链以及生产上的挑战。宜家家居被世界上数百万人所熟知，其许多核心产品都产自中国。我们在中国发展的速度非常快。在这个全新供应链里的人我们都不认识，通常是年轻女性，而且大多是中国人。

作为快速发展中国家的第一代消费者，我们中国的同事对质量和全球使命了解不多，但他们是推进执行我们产品的关键人物，他们与当地供应商建立品牌，为全球客户服务。我们的领导和管理者最初主要都是中年瑞典人，他们不会中文，因而对中国文化的理解有限。

2000年初，我们典型的工作方法是：在如何巩固素质和表现的讨论中，将新来的中国员工排除在外。我们会告诉他们该做什么并期待他们的成果，但我在欧洲很难看到，也很难理解事情的进展。华侨团体是我们成功的关键！他们决定了我们家居的质量。然而在整个供应链的设置中，我们有多年的经验，他们没有。可是他们仍期望能与当地供应商一起完成关键的工作。

在瑞典，我们取得了好成绩，带领“全系统”的人们进行战略规划。我们决定在上海尝试一下，于是带着这些年轻的中国员工与供应商、买家和技术人员在房间内探讨了三天三夜。我们往返于公司全球组织的管理人员和领导之间。我们迫切地需要相互了解，同时专注于中国的供应链。

这是一个奇妙的时刻。当地员工开足马力为中国市场做更好的事——但他们如何知道宜家家居是什么呢？现在我可以体验到真正的全系统，而不是只凭想象。我们正一同创建系统，很快就会打造出提高领导能力的项目，其中高层管理者主办的研讨会包括有关开放性议程、创造性的工作和工作反思这些方面。我们对可以与集团首席执行官互动的经理们强调一点，包括年轻的中国经理在内：到2013年为止，中国零售业的负责人可是一位从内部市场招聘的中国女性。

合适的人做合适的工作

你的项目范围决定了所需的利益相关者。若要把项目做大，就必须撒下一张大网。

多年来，航空专家试图减少美国空域的拥挤，却最终以犹豫不决而落幕。2004年，美国联邦航空管理局（FAA）决定将所有空域用户汇聚在一起，看看可以做些什么，其中包括航空公司、货运公司、军方、商务私人飞行员、工会和控制员，而大多数人由于多年的挫折而感到厌烦。

他们一起绘制了系统日益成长的复杂的时间线，然后一位航空公司的执行官脱口而出：“我们都在这儿。如果我们不做，就没有人能做到!”他们立誓要“同甘共苦”，同意在空中交通管制方面进行彻底改正，改变了数十年传统中先到先得、优先分配飞机的规矩，还同意支持联邦航空局在全国范围内协调飞机进行短暂的延迟，以减少机场的拥堵。为确保公平，他们与所有航空公司召开每日电话会议。因为“全系统”，在短短18个小时内，他们打破了几十年的规范，使之不再有效（韦斯伯和詹诺夫）。

会议的长短与日程挂钩

你需要时间与合适的人进行富有成效的对话。你应该安排足够的时间来完成你的目标。如果事情少一点，你不如不要接触。如果需要很多人合作以及快速实现是你的目标，我们倾向于两天半到三天内完成这些。利用时间框架，我们知道这比其他方式能更快产生结果（韦斯伯和詹诺夫）。忘记我们的偏好，倾听自己内心的声音，只有你知道自己的经验会产生什么影响。

给大家时间来表达自己的观点

如果大家有很强烈的感觉，需要在他们对行动计划做出承诺前表达自己的观点。不要在对话上偷工减料，不然之后会浪费你更多的时间。

创建责任担当表

如今与所有关键因素一起使用的有效的技术是创建责任担当表，这使得大家能够很快解决严重的问题。

一家医院的领导为寻求改善患者服务的方法而召集了管理员、临床药剂师、执业护士与内科医生。他们分析了一个熟悉的案例：一位头晕严重的女人脚步蹒跚地进入急诊室，说她每天服用 4 次“降压丸”，每次服用 2 粒，可病情还是没有得到缓解。一名从业护士为她测量了血压较低，也还是无法解释她的症状。“只要让她吃药就行了，”一位科室医生说，“你必须教育这些人。”护士却指出，虽然病人到现在为止状况还好，可她注意到一个令人生疑的问题：病人药瓶上的标签写着要求每天 2 粒药片即可，可她却说自己每天都服用 4 次。

“药房又搞错了！”护士说，“我打电话告诉他们。”

“别打扰他们了，”医生说，“他们不会听的。我再重新给她开一张药方就好了。”

几天以后，这位女士晕厥之后又来到医院。她带着两瓶一模一样的药，一瓶是没有商标的，另一瓶是著名品牌的。她同时服用这两种，这就意味着她每天服用了双倍的药量。“你应该告诉我这个事情啊！”住院医生对药剂师说。

药剂师说这位女士告诉他自己知道如何去做。“发生了这样的事，”他补充道，“当医生签署处方的时候，真的不用对她以往的病例进行评估么？”医生认为这是护士犯的错，因为她不该从患者手里拿走第一瓶药。

护士说：“会发生这样的事，完全是因为药剂师坐在那里只知道看杂志！”

这个案例让人哭笑不得。我们没有调和冲突，而是组织了四个小组——执业护士组、药剂师组、医生组和管理员组——来“诊断”情况：病人是如何一步步陷入困境的？每个小组都责无旁贷，但他们的确开始看到了系统中的缺陷。

接下来我们重新组织五个跨学科的小组，要求他们制作一个责任图表，保证这样的错误不再发生。每个小组都列出了每项所需的决定，并分配给每一步所涉及的人员四个角色中的一个：

■A（Authority）拥有最终决定权

■R（Responsibility）负责行动

■S（Support）负责提供资源

■I（Informed）必须在展开行动之前先了解情况

他们的报告使人目瞪口呆。没有两个图表是相似的。一位医生用手拍了拍头，说："你能相信吗？这就没有正确答案！"事实上，有5个"正确答案"。与其寻找理想的解决方案，不如商讨如何才能为了病人的利益进行最好的专业治疗。几个小时里，每个人学到的急诊室系统，比在这里工作多年的任何人都多。

要是无法应用"全系统"原则，就试试"3×3法则"

改变系统，仅仅在与其所属的较大系统有关的前提下才可以。这就是为什么"团队建设"可以开发出更好的工作团队，而不需改进企业。团队会议工作会直接影响那些不在场的人，不过在这之前，需召开更多的会议。为了避免这种情况发生，请在同一组会话中获取任何三种相关的水平和职能。如果大家能最先接触到做决定的人，你也将更快获得更好的解决方案。

某大公司的管理团队为解决多方面的问题聚在一起开会。不到几小时，由于缺乏与合作公司人员的沟通，他们感到束手无策。老板同时负责管理质量、财务和人力资源。一位经理向老板说道："你的老板是唯一能帮助我们的人！"在午餐期间，老板打电话给他的上司。他在一个小时后到来，听了20分钟枯燥冗长的汇报：一些恼人的做法破坏了员工/队伍合作。他暂时离开，打电话给每个部门的负责人，回来后说："如果你没有得到你需要的，请告诉我一声。"经历了数月的挫折，一次越级对话后，问题在当天得到了解决。

尊重的标志就是包容

尊敬与信任，无论多么高傲，领导常挂在嘴上，你必须用行动来支持他们。因为言语本身从来就不能等同于身体力行，这再没有比包容这个核心原则更好的办法了。

"我以为做出所有重要的决定是我分内的事。"

哈罗德 · W. 克拉克，董事长

弗吉尼亚州惩教部（美国弗吉尼亚州里士满）

我开始意识到一些事情会对领导有重要的意义：不要告诉人们该做什么，要告诉他们自己是谁。很久以前我在内布拉斯加州监狱里当监狱长时，就了解到了这一点。起初，我认为这是我的工作，就需要做出所有重要的决定。而每个人都应该带着他们的问题来找我，我是最终裁决的人。但我渐渐意识到自己很痛苦，大家在这种情况下也不快乐。在我晋升之前，对这些人已经非常了解，也一起相处了很长时间。如果我要实现我的目标，就要把重点放在恢复自己的名誉上，而不是严厉地对待大家，那么我必须得到他们的尊重才行。于是便开始了一场彼此尊重的旅程。

后来，我学会了让核心人物担任适当的职位，并说明他们角色的重要性，然后对他们表现出极大的信任。建立关系虽然要花点时间，可当我犯了错误，他们会告诉我，反之亦然，这样也便于我们及时改正错误。我知道，尽管我有能力，也有权利去使很多人不好过，可是我必须随时准备检查自己要求他们做的是否正确。说得简单点，我意识到这种关系必须建立在信任和尊重的基础上。没有那些基础，我没办法走得更远。

小结

第 6 章

高效：深入了解，合理安排组织工作

将“全系统”定义为只要他们愿意，就能利用所有而采取行动的人。这是在没有更多会议的情况下快速处理问题和作出决策的唯一方法。它也是建立信任、尊重和信誉的一种快速方式。相互尊重、相互信任的人，你凭借对他们内在的自然控制可以行使更大的领导力。只有在关键的事情上一起工作，他们才可以发现这一点。

如何运用

◆根据你的目标适当地使用 ARE IN（参与其中）清单，即谁才是拥有真正的权力、资源、专业知识、信息和需求的人？

◆邀请关键人员完成任务。你可以通过想象他们若是不在岗位上，会发生什么事情来决定谁才是“关键”。

◆会议长度与议程挂钩。你认为你需要多少时间？请诚实地、认真地回答。

◆给大家时间去表达自己的感受。充分利用房间内不同的观点，争取进步，尽快处理事情。

◆尝试“3×3 法则”：选择涉及多个部门或职能的，涉及任何两个职能和（或）三个组织层面上的问题或决策，最好是兼而有之。最后，用充分的时间选择一个切合实际的目标。

第 7 章

掌控：

统筹全局，学会倾听和体验

要点

◆万事万物息息相关。

◆专家的说法只是一种信息的来源。实际上，系统中的每个人都知道一些没人去做的事。

◆不同的观点会大大促进问题的解决和决策的判定。

◆根据现实基础采取行动，这样的优势会使你收获可能遗漏的信息。

◆另一个优势则是人们彼此倾听所激发出的灵感，这使得每个人都能相互充分了解。这比任何一个人，包括你自己都要了解得更加全面。

◆在本章中，我们向你展示如何发现自己的“整头大象”，以及如何在整个组织内构建竞争力，建立信心以及兑现承诺。

约翰·戈德弗雷·萨克斯（1816—1887）所作的一首诗《盲人与象》，源于古老的佛教教义。这首诗中的六个盲人，每个人都用自己触摸到的一部分来定义整只大象的形象——肚子像堵墙；牙如长矛；鼻子似长蛇；腿同一棵树；耳朵若蒲扇；尾巴仿佛一条绳。萨克斯得出了富有寓意的结论，如今在无数的组织与群体中产生共鸣：

所以这些印度人，
争议的声音嘈杂又响亮，
每人都有自我的见解，
异常顽固还很强势，
尽管有的部分很正确，
所有一起就是错！
导致对彼此的意思全然不知，

空谈一头谁也没见过的大象。

当古人的智慧遇上系统的思考

我们快进至生物学家路德维希·冯·贝塔朗菲具有颠覆意义的《一般系统理论》。这是一本厚厚的书，连猎象者都感到惊讶。我们已经将其简化为内容提要：万事万物息息相关。

我们把注意力放在“万事万物”这个词语上，它包含了宇宙中每个实体的每一部分。在20世纪60年代，这样的思想是一个相对较新的想法，当时社会科学家埃里克·特里斯特和弗雷德·埃默里开设领导课程，是为了促进两家英国飞机发动机公司的合并（韦斯伯等）。一家公司制造活塞发动机，另一家制造喷气发动机，如此激烈的文化冲突像是海上的帆船和动力艇一样。为帮助经理找到两者的共同点，特里斯特和埃默里领导了一次战略会议。他们凭借所罗门·阿希的研究，说明了与紧张的团体进行对话的条件。阿希表明，当人们发现彼此有以下共同点时，将会展开合作：

■他们住在同一个世界里，遵循着同样的自然法则。

■他们拥有相同的需求：食物、水、住所以及有意义的生活。

■他们都认为接受不同的看法是正确的："我认为的事实与你认为的事实，变成了大家共同的事实。"

这一次的战略会议远远超出了专家市场和典型并购的成本分析。会议中，来自两家公司的顶尖人士对于总体趋势与飞机工业趋势（同一个世界）的看法做出了比较，探索公司合并后的安全性及工作的意义（共同利益），接受所有的意见和建议（"我们认为的事实"）。

埃默里进行协作，而特里斯特的角色是观察是否有人与他人发生争执，逃避任务，或指望领导完成一切。对这样的人大声喊停，让他们进行反思（拜昂）。在伦敦的塔维斯托克研究所里，埃默里与特里斯特了解到，在团队面对模棱两可的决定时，可能会忽视他们的核心任务。为了重新聚焦于任务，他们需要检查自己的行为。

大象与飞机发动机

第一天和第二天，飞机管理人员在世界趋势与飞机工业的走势方面积极地交换了意见。特里斯特沉默地坐着。管理人员探索外面世界的同时，"自然地"倾向于争执或者逃避。这样的发现修订了以前的群体动力学的理论。事实上，只有当管理层开始谈论他们在新公司中的角色时，紧张的局势才会缓解。而现在特里斯特的沉默使他们感到不安。几个人后来说，他们确信特里斯特正在评估他们董事长的表现（当你沉默的时候，要是认为没有人注意到自己的权威，这就可以给你好好地上了一课）。特里斯特解释说，他们在工作的时候如此专心，没有什么可以说的。只要问题弄清楚了，他们就会继续工作。

几年后，埃默里向马福形容了他们在这次会议中，如何使型号为 BA－146 的一架小型四发引擎的飞机在高海拔地区较短途范围内进出。这种创新可追溯到管理人员长时间包容他们的差异，从而在快速变化的世界中建立一个航空的整体观。

系统的革命

在过去的 50 年里，人们试图将系统的思维应用到组织中去。你可以在环境需求与约束的图表板上制作复杂的地图。你可以使用诸如等效性、负熵和可渗透的边界这样深奥艰涩的词句，一些人会沉醉其中，给他人一种神秘感。除非你用一种方式在行动之前，在所有相关方面，探讨同一个系统，否则“整头大象”理论并没有什么实用性。

思考，应该包括领导愿望、专家建议，以及精彩的咨询报告。但是只有这些还不够好。系统“做事”需要一个新的实施策略。高级技能可收集大家的经验使全系统受益，并承诺采取行动。几年前，一位伟大的系统思想家罗素·艾可夫提出了一项重要的观点，你应该在每次召开会议时都思考：你只能通过改变支持它的环境关系来改变系统。

这就是为什么你不能通过个人的培训来改变系统，你需要对话。为了使每个人都能成为系统“实干家”，你需要同大家一起去探索“大象”。这意味着将关键人物（如高管、工人、顾客、客户、供应商以及其他人）带进房间，你把一个称为“环境”的抽象概念从胡乱涂鸦的图表上带到了实际的人群中。他们知道“系统”如何工作，知道必须做什么才能改进它。只有高素质的领导才会为人们提供这样的一个场所。大多数人不知道别人知道些什么。如果你相信可以把自己的意愿强加给每个人的话，就没必要继续阅读下去了。

“我认为，涵盖所有观点的决策就是一个很好的机会”

佩妮莱·施皮尔斯·洛佩兹，董事会成员

拯救儿童会（美国加利福尼亚州洛杉矶市）

在公司中，我们的能力越高，就越能衡量我们做出决定的速度。这就是关于被提到桌面上的关键点，解决方案，还有现实。我们可能会将如此多的见解遗漏。看看“大象”并不需要花很长的时间。做出半熟的决定实际上要花更多代价，还会对组织不利。

记得有一场会议，我作为一名公司的副总裁，不得不帮助大家决定一项扩展战略。首席执行官希望我们朝着特定的方向走，他反复要求，要我们做出决定。有几个人说：“容我们考虑几分钟。”但是这并没有能够阻止他。虽然不对，可我们还是照着做了。

我不想成为一个这样的领导——投入更多兴趣去做决定，而不给大家机会探讨全局。通常，安静的人反而会带来最深刻的见解。人们在离开会议现场时，想让大家感受到他们真正做出了贡献。我认为，涵盖所有观点的决策就是一个很好的机会。我们忘记了大家的思想并不都是相同的，也并不具有同样的借鉴意义。

我还认为，只要他们允许，女性在质疑的时候会带来其他不同的观点，比如说同事或顾客会怎么想。

看到“整头大象”意味着获取所有的观点。这就是为什么我需要房间里充满多元化的观点。我需要去平衡男人和女人的观点，平衡拥有不同的学习风格和领导角色的人，最终看到“整头大象”。我想提倡一种文化，在这种文化下，大家可以展现真正的自我。如果一个领导者没有建立这种文化，其他人就只会一味地做他们认为被期望去做的事。但我希望他们能够全力以赴。

“整头大象”，内外兼顾

要探索“整头大象”，你可以使用任何方法，帮助大家汇集彼此的看法。“环境”除了包括全球趋势外，还包括大家的价值观和情感生活。我们支持大家以各种方式表达自己，角度从思维、感觉、写作、绘画、表演，甚至角色扮演都可以。若要理解系统，没有什么方法能比让每个人阐述自己的观点更好。如若不然，集成观点就是一场白日梦。

探索全部的技巧

你可以一直都参加会议，而从不去了解他人目前的想法；你可以耐着性子天天等着数据转储，而不做出一点承诺。想要获取信息，数百种技术的存在都可以解决。直到你了解了其中的基本原理，会发现大多技术没有什么用处（维斯伯德和简诺夫）。经过 20 多年的反复试验，我们推荐四种通用的技巧，让每个人都能了解彼此。每一种技巧都会帮助大家获得没人能独自获得的观点。如果每种技巧都运用得好，那么“全系统”的参与度就高：

■四处走走

■时间线

■思维导图

■流程图

四处走走

我们通常开会之前都会询问每个人的名字以及他们（这里主要针对陌生人）的期望。我们同样可以随时四处走走，我们认为了解每个人站在哪里是明智的举动，这样可以迅速确认所有人，掌控全场。

这样做既能设定议程，也能减轻焦虑。你也可以四处走走，赢得大家的认同，确认获得了支持，打破僵局，避免表面冲突，并从混乱中整理出头绪。到处走走，看看自己想象的和大家的想法、做法、需求或者猜测是否一样。永远不要让幻灯片上的任何陈述接受现实的检查。这里有两个简单的例子：

“当我说……的时候，知道自己是代表这里的每一位在讲话。”

“我可能是唯一一个这样想的人，但是……”

你可以在任何时候停下会议，询问他们是如何考虑的。给想说的人留下足够的空间。若无人能充分表达时，你甚至可以仅仅为了彼此间的相互交流，召开一次会议。

例如，参观城市多彩文化博物馆的游客数量突然下降。来自银行、基金会、企业和社会机构的董事会成员只知道城市正在发展，却没有意识到，如今博物馆与其他文化机构之间的竞争有多么激烈。

在一场特殊的会议上，董事长要求所有的董事会成员形容一下他们组织的变化，他们倾听彼此，为城市描绘出了一幅前所未有的蓝图。在短短的几分钟里，25 个参与者看到了如何利用新的竞争改变方向，这对博物馆的生存至关重要。

时间线

时间线会帮助每个人学习他们的集体历史，并找到新的前进道路。这是一种宝贵的战略计划工具，目前只有与核心人物合作才会成功。大家彼此学习，几乎不需要什么技术。只需要沿着墙壁贴上一张长条形的纸就行，任务是“×的历史”——有关你的公司、团体、项目或者程序。每间隔1米左右就写上一个日期。每个人都要在这张纸上写字或者作画，之后彼此讨论他们的所闻所见。我们强烈敦促你，在受影响最大的人知道其历史之前，不要急着“修复”系统。

提示：不要堆积问题。时间线包含的信息丰富且复杂。只需问一到两个问题，例如“你认为什么重要?”“时间线告诉了我们一个什么故事?”这些都需要你同他们做出非常有见地的交谈。

思维导图

我们从创意专家东尼·博赞那里学习了思维导图。你可以使用思维导图来记笔记，进行头脑风暴、解决问题、做出决策等等。一个小组可以在15分钟内做出思维导图（我们做了100人在45分钟内做出思维导图的试验）。导图会刺激个人的洞察力及行动力，他们使系统“做”得明显可见。

我们用一张 6 英尺宽、12 英尺长的纸（大约 1.8 米宽，3.6 米长）在表格的中心写下并圈出会议的主题，然后我们让大家对主题相关的例子集思广益。我们在彩色的线上每写下一个有关主题的新项目，就将之前画的圈去掉，或连接到已存在这个项目的线上。命名该项目的人会显示出它在地图上的位置。

所有的项目都是有效的。我们一次只做一个项目，以便每个人都能明白发言人的想法。在这之后的交谈就将涉及每个人的感知世界（如想获得更详细的说明，请参阅《未来搜索》的第 5 章，维斯伯德和简诺夫，2010 年）。

流程图

流程图能够帮助团队记录的一个有序的过程，比如做一件产品、组织一次筹款活动或提供一项服务。没有什么比这更好的方法了，这样做不是为了让大家在一起设计流程图，而是为了让他们从了解的角度出发并学会修复系统。所有的人都要学习自身的行为如何影响整体的效果。

当每个人描述自己最熟悉的步骤时，请志愿者把它显示在一个所有人都可以看到的地方，问“先发生了什么?”和“接下来会发生什么?”如果从头到尾都没有人知道答案，请联系一下知道如何去做的人。让所有的人都完完整整地知道，还必须让大家把每个零散的片段重新组织在一起。

例如，有顾客抱怨一家制造肿瘤治疗机的公司拖延零件供应时间。任务小组在电话中与订购者做了一个流程图。调查的结果震惊了每一个人：不同的零件生产需要跨越 3 栋楼的 23 个部门！而且每个部门的人员都需要填写表格，签字申请，需要运输的两个星期前等待批准。

“若是有人危在旦夕，零件供应需要多久呢?”会议的领导者发问。

“我们手动完成全系统的制作，并当天发运。”一个主管答道。不过任务小组认为例外也应该按规矩办事。但与所有的相关人员合作时，他们都应该将所需的步骤减少至 5 个，并且使 24 小时内发货成为常态。

事实与看法

你不能忽视这样一个古老的悖论：事实与看法之间的差别。当那些持有观点看法的人表现得好像他们说的都是真的一般，看法就会成为事实。我们都引用符合我们信念的研究、新闻和演讲。事实可以变得极其灵活。我们已经看到“硬数据”可以用来证明任何事实。在重要的会议上，大家面临着沉着冷静的选择。他们可以根据自己的行为，选择寻求更多的数据，继续交谈或是忘记整个事情。我们主张相互学习，使大家能够做出明智的选择。这是任何领导者都能做到的最好选择。

小结

第 7 章

掌控：统筹全局，学会倾听和体验

万事万物息息相关。想要了解一个系统的最好方法就是去体验它。在会议中，这就意味着有亲身体会的人相互倾听，于是所有人都将做出更好的选择。当每个人都比之前知道得更多时，他们更有可能学会承担责任。更何况机制中需要外部管理，这样会使每个人都了解适合自己的系统。领导力就意味着让他们达到那一点。

如何运用

◆四处走走，听听人们对这件事的看法。

◆运用时间线、思维导图或者流程图为自己量身定制一套目标。

◆绘制一个没有前人、没有专家能够提供的完整蓝图。

◆先推迟解决问题或者做出决定，直到你满意所有已经研究过的方面。

第 8 章

求同：

达成共识，增强组织凝聚力

要点

◆许多领导人花费80%的时间去管理无法妥协的冲突，而这样的管理占据了紧锣密鼓的议程20%的进度。

◆许多人不愿透露自己对观点的认同程度，因为他们忙于游说别人按照他们的方式去看待问题。

◆先进的技能视意见分歧为不可避免的、合理的。

◆与其试图去控制这些分歧，不如坦然接受。

◆本章中，我们会向你展示如何将可解决的冲突与价值观的差异这两个概念区分开来，并在最短的时间内让人们从言语落实到行动。

词典里，“共同点”被定义为“相互理解”，而我们将其定义为“主张每个人都同意采取行动”。共同点存在与否，不需要任何人放弃任何事去发现，也不需要任何人去保持和谐。这是一个惯例，你可以把它抛之脑后。大家经常以 X 和 Y 作为观点分歧的借口，不与 A、B 和 C 合作。他们可以自由地支持共同关心的决定和解决方案。许多人在参与当地有关堕胎话题的辩论时发现，那些“反对堕胎”或“主张人工流产合法”的人，是不会轻易改变这些根深蒂固的价值观的；然而，他们几乎总是能在托儿所的重要性上达成一致。

对待一个观点，一些人会同意，就会有另一些人反对。这就是我们需要接受的“现实”，而不是一个需要去解决的问题。在两极分化的问题背后，你经常会发现能达成共识的重要领域。这里不允许人们因为价值观的差异给彼此贴上负面的标签。要学会将棘手的分歧视为一种信息，而不是行动项目。把这些写在所有人都能看见的地方，继续讨论。之后你可以随时回来加强合作，找到共同点。

找寻共同点的好处

在两方为了意见的分歧争得面红耳赤之前，寻找共同点有很多的好处。大家发现了以下几点：

■一致的看法远比任何人想象中要多。

■集体达成一致能够降低目标的模糊度及不确定性。

■带着干劲儿、充满能量地去实现目标，而不是对棘手的意见分歧争论不休。

■当你知道自己得到了广泛的支持时，更容易去承担责任。

接近共同点

有些人认为，集体达成一致不适用于“现实世界”。即使你从未有过花费数小时去解决多年遗留问题的经验，可事实的确如此。如有隐情，他们不得不提前同意，不会浪费所有的时间去处理那些永远也解决不了的麻烦。30 年前，我们认为这样做是不可能的。可如今，我们已经看到它在许多文化中周而复始。

做到集体达成一致也许比你想象的简单。这里并不是说每个人都要赞同所有的事情。你应该常常接受自己无法改变的地方，而不是一味去找寻那些可以改变的地方。每个人在探索“整头大象”之前是否都会有同样的看法，对此，如果你询问一组成员的想法，大多数人都会猜错的。对话中，人们会在听到自己内心的声音时，得出不同的结论。这需要每个人一起聆听所有的意见与感受。

一家拥有 3000 名员工的国家人工服务组织，其首席执行官在必须退休时遇上了麻烦。这是一家独一无二的非营利组织，没有养老金计划，只有人人平等的传统。所有的员工都享有相同的福利，包括退休金。退休的首席执行官是一位几十年前建立该组织的创新者，想要一笔丰厚的离职金。

董事会成员为这件正确的事情而苦恼。如果能得到补偿，大多数人还是倾向于实现他的愿望。他们聘请了一位补偿专家，这位专家提了一套适中的福利措施。而最受影响的管理团队则提出了另一个观点。若是开启特殊待遇，即便针对的是一位独特的贡献者，这样的先例也会留下不良的影响。这就违反了首席执行官多年来公开倡导的价值观——即便他们知道私营部门会支付得更多，也愿意接受这样的价值观。这种不一致性可能会使成千上万的员工受到伤害。

在紧张地讨论出对所有人最好的解决方案后，董事会和管理团队达成了100%的协议：他们将荣幸地以之前退休的首席执行官的名义，授予同事们一项年度杰出服务奖，并给他同样多的离职金。

推迟解决问题

在每个人都在谈论自己所有的关注点和见解之后，我们再去解决问题。如若迫使人们去急于解决问题，就会阻碍大家发现共同的抱负。不要急于节省会议时间，不然以后你将会付出很大的代价。

公开矛盾——把它们留在那里

当以共同点为目标时，我们要鼓励人们承认矛盾。不过，这需要投入大量宝贵的时间找到每个人都认可的共同点。更重要的是，找到他们愿意做的事。

聚焦未来

创造一个机会，让人们可以展现自己的梦想。每个人都想要一份有意义的工作。他们常常惊讶地发现，很多人也是这样想的。例如，在战略规划中，人们将自己置身于未来的 X 年里，想象着自己的梦想已经实现。我们从已故的罗纳德·利皮特那里改造了这种技巧，他是群体的动力先锋，早在 50 多年前就能让人们想象自己“青睐的未来”，仿佛置身其中。他发现，大家一起进行一场表演，会激励大家朝着这个方向开始工作（利皮特）。这远比传统的“远见”更加强大，需要团队提前从他们现在拥有的开始计划。在世界各地，我们已经复制了这种现象的力量（维斯伯德和简诺夫）。

有关共同点的交谈

这比你想象中的简单。在一个管理团队（8 ~ 20 人）中，选择一个关键问题，让大家说出自己所在的位置。接着提问：“我们同意的地方在哪里呢?”将这些说法记录下来，进行讨论，直到每个人都对这些具有代表性的共同点感到满意为止。

如果你发现不能解决分歧，就把这些写在“未同意”的清单里。如果不这样做，你将永远都找不出一个全心全意的支持者。

比方说，在20～100人内，如果你主持会议，就把他们分成几个小组，每组步骤相同。让他们提出自己认为的共同点。请每个小组向全场汇报。继续接着上面交谈下去。对大规模的群体要循序渐进，具体方法请参见《未来搜索》一书（维斯伯德和简诺夫）。

保持焦虑与意见分歧

我们在全球范围内使用这样的程序找到共同点，使80%～90%的项目在两小时内达成100%的协议，即使是60～80人的团体也不在话下。一路上，人们常常提出有关细微差别、阴影以及解释的问题。不要将此行为称作是吹毛求疵。不要低估人们的理解和表态。大家对行动计划有这么多愤世嫉俗的看法，其中一个原因是：一些人这样做，除了因为疑虑重重之外，也是为了减少焦虑或加快会议。为了避免强化这种倾向，你可以带领大家一起度过。或者索性让大家焦虑吧，同时也包容自己的焦虑。通常第一次，你会让大家知道，那个难以捉摸的 100% 协议在哪里，最终结束焦虑。

如何处理“未同意”清单

不可避免，一些项目最终会出现在“未同意”清单上。同样，将清单大声念出来。我们建议询问一下大家是否理解自己的分歧。你不需要去解决，只需要清理他们的不同之处。询问大家下了会议后想如何处理这些项目。我们知道，不存在万无一失的过程，大家也应该对自己的分歧负责。所以把它们记录下来是明智之举。

底线

任意一种共同点方法的检验决定人们落实新协议的程度。获得协议可比直接行动更加容易。我们曾发起过一项规划倡议，当时在场所有人都同意加强获取医疗保健。可是等到要注册一个行动小组时，却无人行动。这就立即显现出“要做的事”和“谁愿意做”之间的差距。如果大家不会为每个人都认可的事情采取行动，那这就是一个虚假的共同点。最后，请注意：缺乏共同点并不能避免领导人做出决策。如果在一个紧急项目中，你不能得到 100% 的同意，就让每个人都做出抉择。

从矛盾冲突到共同点

我们终于讲到帮助大家找到阻碍共同点的组织结构这一部分。为此，我们重温了一部经典书籍，这本书表明了结构对人们日常行为的影响程度（劳伦斯和洛尔施）。作者的研究表明，那些或多或少取得成功的公司，都会制造类似的产品。他们发现在每一个案例中，矛盾冲突都是不可避免的，例如在销售以及研究与开发方面（即研发方面）。从根本上说，每种功能都有不同的目标、规划期以及与他人互动的需求。销售需要良好的交际能力，制造需要每天的成果，而研发是一项长期的、往往孤立的业务。

你可以将矛盾冲突视为人们成功的一个必要征兆。如果你想要共同点，就要学习识别每个部门任务都存在的结构冲突。但要注意，这种矛盾冲突爆发时，常常会给人们带来最坏的影响。然后每个人都将这样的结果归咎于“个性”不合。个人辅导不能解决结构性冲突。绩效低的组织往往单枪匹马，以避免矛盾冲突。绩效高的组织则鼓励任务间的差异，用整合的方法来管理矛盾冲突。

3 种方法帮你获得矛盾冲突部门的共同点

3 个要点帮助你放下单枪匹马，减少部门间的冲突：

■个性冲突。

■实行有效的冲突管理。

■只要可行，成为一名整合者。

个性冲突

人们常常用“老一套”“替罪羊”以及“夸大其词”，来解释为什么自己是正确的而其他人是错误的。只有相对较少的人意识到结构发挥作用的程度。人们需要朝着与任务相关的特定方向，尽心尽力地工作。他们这样强烈的感情是合情合理的。当然，不同的目标会导致不同的期望，具有不同规划期的人也会按照不同的步骤前进。为了全体的利益，他们同样需要合作。

实行有效的冲突管理

管理冲突最有效的方法就是平稳过渡、避免冲突、努力奋斗。所有的冲突都会从根基处破坏成果（劳伦斯和洛尔施）。有效的管理把应对问题及解决问题作为他们的首要任务，他们认可差异和对话的合理性。有些冲突不容易解决。如果在寻求共同点后，大家无法达成一致，那么杰出的领导者将做出单方面的裁决，这就是他们该做的。

只要可行，成为一名整合者

有效的管理会用整合者，例如产品和项目经理，这些都是专门的领导角色，他们负责整合总体成果，赢得合作。成功的整合者能够容忍差异，承认不同的需求，不偏袒任何一方（劳伦斯和洛尔施）。当整合者影响不同的专业以保证整体的利益时，就会赢得信任。

所有员工的工作是自然的一体化。能力、培训、信息技术、人力资源、财务和工程影响着每个人。我们可以让公司里表现较差的员工充当执行者，让表现较好的员工用他们的专业知识惠及全体。

我们曾合作过一家陷入困境的消费品公司。营销人员发送了一份充满怒气的备忘录给我们，声称工厂在生产大众消费品时，为了周转时间，害他们损失了生意。为此，公司两个部门的管理人员开会商讨如何摆脱此次困境。市场经理认为，造成这样的结果，是因为工厂更关心产品的制造，而不注意保持货架上的存货。生产经理认为问题出在营销包装的要求上，因为从一个类似的产品过渡到另一个产品通常需要8个小时。

随着气氛变得激烈，我们建议工作组亲自去工厂车间看看。机器操作员向他们展示了为何转换产品需要花费这么长的时间。因为不同的产品需要不同的盒子，这样下来每次都要重置机器。“这是‘你们的人’坚持要用的盒子，”他说，“所以都是这个盒子惹出来的祸！”

营销经理感到很讶异。“我们不需要不同的盒子。”他说。包装设计师说：“我们只是认为销售需要不同的尺寸。”之后，三个部门与包装机操作员几分钟内就发现了共同点，重新设计包装后，产量上升。一场重大冲突就此烟消云散。

小结

第8章

求同：达成共识，增强组织凝聚力

为了找到共同点，人们必须分享自己的看法及一致之处。他们必须心甘情愿地承诺采取行动。在听过所有意见之后，将每个人都同意的那些陈述作为共同点。领导大家找到共同点是领导力的高阶形式。领导大家达成共识的主要好处是可以加强合作，并在共同关心的问题上迅速采取行动。如此，会在承诺、士气及效率方面有无尽的回报。当一些人同意而另一些人反对时，将此视作现实，而不是要解决的问题。我们没有必要控制结果，因为最终的结果只有通过交谈和相互理解才能获得。

如何运用

在下次的重要会议上，不妨做一下这样的试验：

◆选择一个有共同点的问题。

◆创造一个机会，让大家确认一致看法的范围。

◆将问题和冲突当作信息。

◆保留当前无法解决的“未同意”选项清单。

◆复查已商定的内容及尚未商定的内容。

◆决定下一步做什么。

后记

期望他人成为更好的领导者，就像祈祷能从无底坑里奇迹般地获救一样，你会失望的。让自己成为一个更好的领导者似乎是一个更可靠的赌注，这可以是一种历练、一种挑战或一场欢愉，这意味着无尽的旅行。你可以游览未曾到过的地方，也许会发现自己潜藏起来的地方，甚至会接受曾经否认或鄙视的部分。你会变得更加满足、更加自由、更加自信，以更加强大的能力去接受他们真实的自我。这就是我们一直在走的道路。这本书就像是我们的游记。一路上，我们学到的先进的技能，使我们能够做自己曾经不能做的事情。这通常意味着打破惯例。

所以，下一步你要做什么？

坦白地回答，我们不能预测未来，尤其是不能在变化不断的世界中预测领导力。但我们可以告诉你对“下一步是什么”的回答。当以前常做的事情不再有所助益时，我们将颠覆传统。它可以是简单的事情，理所当然，也许会有深远的影响。几年前，我们决定尽可能避免无窗封闭的会议室。我们将我们的成功归因于帮助大家寻找喜欢的空间。这是我们可随时控制的事情，与“领导风格”无关，只是我们对喜欢工作场所的人会表现得更好。

多年来，我们发现争取权力、资源、专业知识、信息以及需求变得越发容易。我们努力在每一次的遭遇中都能注意到自己身上发生的变化，比如，对人和局势的反应，对现在所发生之事的感受，以及我们对于成功或失败的判断和冲动。

我们继续回顾自身的经历，在同样的道路上与大家互换意见，轻松果决地施展权威，不强求、不隐瞒自认为正确的事情。一直利用“整头大象”的技能使自己察觉到看不见、摸不着的部分，所以我们试图在付诸行动之前，听取每个人在会议上发表的意见。我们仍焦虑不安，但不像以前那么多。我们也会继续把自己及别人的焦虑视为机遇，而非阻碍。我们期待一次次观点的分歧、意见的反对、彼此的误解及犯下的错误，这不仅仅是对领导者的考验，也是人们生活中不可或缺的部分。因此，我们打算尽可能轻松地生活在这些现实中，而不是把它们当作金钱和权力的问题来对待。我们也知道，每个人都有优秀的一面，只是还未遇见。

我们已经使“先进的”技能常规化。我们的挑战是每天运用这些与新的人、新的状况打交道。太阳昨天照常升起并不意味着今天依旧发光。我们无法估量此系列 8 项技能的极限。在此之前，我们欢迎拓展推广的机会，同样希望我们的书能帮助你找到自己处事的方式。

附录 A
感知语言练习

练习 1

将下列句子从目标语言变为感知语言：

目标语言	感知语言
a. "她是一个很友好的人。"	a. "我让她成为我____的一部分。"
b. "这支球队让我很生气。"	b. "____让我自己觉得很生气。"
c. "你很聪明。"	c. "我让____成为我____的一部分。"
d. "这太棒了！"	d. "我让这成为我______的一部分。"

（答案在本附录结尾处）

练习 2

用一句日常语言（目标语言）来描述自己对感知语言的感受。

目标语言

“此刻,我____________________________________。”

现在,将你的句子翻译为感知语言(将“它”变为“我”,使用主动动词,并找出你心中认为的所有动作。)

感知语言

“我______________[主动动词]自己,因为____________________我的一部分。”

现在用每种语言来形容一下你所熟悉的人。

目标语言

“我觉得[×××]________,________,________。”

接下来将你的形容用感知语言表示出来。

感知语言

“我让我中有[人名]________成为我[优点清单]________的一部分。”

最后,当你大声说出这些句子的时候,你内心经历了什么?(如果你想要回报,不要忽略这个步骤。)

练习 1 的答案

a. “我让她成为我友好的一部分。”

b. “我中有球队让我自己觉得很生气。”

c. “我让我中有你成为我聪明的一部分。”

d. “我让这成为我很棒的一部分。”

附录 B
在网络空间里一马当先

由于互联网的兴起，全球化、外包、远程办公和虚拟团队所带来的虚拟管理，经常在群体中广泛传播，而很少由个人进行管理，即使曾经有过，也需要大家面对面地交流才行。

你会在网络上使用这 8 项技能吗？

在这个虚拟时代里，存在着一个价值 10 亿美元的问题。我们对此产生了很多想法。我们已经可以在线上开会，举办虚拟研讨会，也可以对那些我们从屏幕上看到的人以及看不到的人做演示。我们和许多做过这些事的人一样，都得出了相同的结论：

没有任何虚拟的替代品能同面对面地工作一样令人满意。为了充分信任自己与他人的行为，我们喜欢与商业伙伴一起参观、听取意见、共同用餐，如果文化习惯允许的话，还会与他们握手。

但是，现在我们别无选择，只能尽量选择网络会议。然而对很多会议来说，这是经济上唯一可行的选择。虽然大多数领导人在这条道路上投入了过多的时间，但投入的时间却还远远不够。因此，虚拟会议则大大提高了你影响他人的能力。

事实上，在这个完美的世界里，我们将常常举办面对面的会议。

话虽如此，我们会问自己，究竟到了何种程度，才可以在网络中使用这些技能。答案常常是显而易见的。但是与此同时，还需对这些答案进行大量的测试和凝练。

读完这本书很久以后，你也会那样去做的。

第 1 章　鼓励：减少控制，实现员工的正向管理

通过网络，你可以控制员工什么时候、用什么方式、多长时间，以及与他人见面又与你见面的频率。你无法控制他们是否会听，能否集中注意力，或者可否跟进议程。当大家

分散居住在几十个遥远的地区时，你对这些情况的控制就少得多了。

第 2 章 激发：责任共担，让你的员工摆脱依赖

在网络上与他人分担风险、承担责任可是一项挑战，同样也是锻炼行动的唯一课程。你越是能让大家站出来承担责任，每个人就越发有安全感。

第 3 章 引导：接受焦虑，广泛传递正能量

风险越高，似乎越容易焦虑。在网络中更是如此，若是遇到技术障碍，同样也会让你心塞。除非你亲自询问大家的感受，否则这段时间真的不好过。即使大家没有同一时间在同一处，也能让每个人在网络空间坚持与你同在，从你身上获得创造力。

第 4 章 影响：潜移默化，从感知语言开始

有些事情你可以在任何地点、任何时间、使用任何媒介、与任何人一起做。学会如何做事是一项全职工作，尤其是在“火爆”匿名的网络世界里，你将拥有充足的机会去做。

第 5 章　存异：擅用小组，正向激活团队能量

你可以常常在网络上暂停会议，询问“还有谁?”你也可以选择让小集体间彼此交谈，其他人旁听。选择几十位或成百上千位听众去了解，共同分享彼此的想法与感受，能让他们在未来走得更远。

第 6 章　高效：深入了解，合理安排组织工作

理所当然，只要你能管理好洲际的时差，就能将“全系统”带入虚拟会议室中。如果可以，你还可以把这些都呈现在网络上。另外，若大家意见统一，你将会接受严峻的考验。

第 7 章　掌控：统筹全局，学会倾听和体验

你带进虚拟会议室的人越多，更多的“大象部分”在理论上变得越发可行。如今许多技术可帮助大家从他人处获得信息。

第 8 章　求同：达成共识，增强组织凝聚力

坚持这样的做法，直到每个人都参与其中。这对把握 10

位或 20 位参与者来说相对容易。可是，针对庞大的团队，你需要使用虚拟小集体来找到他们的共同点，并与他人分享。然后你需要集中所有的意见，归纳出大家都适用的语言，核查你的结论之后再果断行动。最后，祝你好运！

参考文献

Ackoff, Russell. *Redesigning the Future: The Systems Approach to Societal Problems*. New York: Wiley, 1974.

Agazarian, Yvonne M. *Systems-Centered Theory for Groups*. New York: Guilford Press, 1997.

Asch, Solomon E. *Social Psychology*. New York: Prentice Hall, 1952.

Bion, Wilfred R. *Experience in Groups*. London: Tavistock, 1961.

Buzan, Tony. *Use Both Sides of Your Brain: New Mind-Mapping Techniques* (3rd ed.). New York: Plume Books, 1991.

Faucheux, Claude. "Leadership, Power & Influence within Social Systems." Paper prepared for a Symposium on the Functioning of the Executive, October 10–13, 1984, Case Western University, Cleveland, Ohio.

Friedman, Richard A. "The Feel-Good Gene," *New York Times Sunday Review*, March 8, 2015, p. SR1.

Janssen, Claes. *The Four Rooms of Change* (Förändringens fyra rum). Stockholm: Ander & Lindstrom, 2005. English version available at http://www.claesjanssen.com/books. For training in its use, see http://www.andolin.com/fourrooms.

Lawrence, Paul R., & Jay W. Lorsch. "New Management Job: The Integrator." *Harvard Business Review,* November–December 1967a.

Lawrence, Paul R., & Jay W. Lorsch. *Organization and Environment: Managing Differentiation and Integration.* Boston: Harvard Business School Press, 1967b.

Lippitt, Lawrence L. *Preferred Futuring: Envision the Future You Want and Unleash the Energy to Get There.* San Francisco: Berrett-Koehler, 1998.

Madsen, Benedicte, & Søren Willert. *Working on Boundaries: Gunnar Hjelholt and Applied Social Psychology.* Aarhus, Denmark: Aarhus University Press, 2006.

Mix, Philip J. "A Monumental Legacy: The Unique and Unheralded Contributions of John and Joyce Weir to the Human Development Field." *Journal of Applied Behavioral Science, 42*(3), September 2006, 276–99.

Perls, Frederick. "Finding Self through Gestalt Therapy." From Cooper Union Forum Lecture Series, *The Self,* March 6, 1957.

Perls, Frederick, Ralph F. Hefferline & Paul Goodman. *Gestalt Therapy: Excitement and Growth in the Human Personality.* New York: Dell, 1951.

Von Bertalanffy, Ludwig. *General System Theory: Foundations, Development, Applications.* New York: George Braziller, 1968.

Weir, John. "The Personal Growth Laboratory." In K. Benne, L. P. Bradford, J. R. Gibb & R. D. Lippitt (Eds.), *The Laboratory*

Method of Changing and Learning: Theory and Application. Palo Alto, CA: Science and Behavior Books, 1975.

Weisbord, Marvin R. *Productive Workplaces: Organizing and Managing for Dignity, Meaning, and Community.* San Francisco: Jossey-Bass, 1987.

Weisbord, Marvin R., and 35 international co-authors. *Discovering Common Ground: How Future Search Conferences Bring People Together to Achieve Breakthrough Innovation, Empowerment, Shared Vision, and Collaborative Action.* San Francisco: Berrett-Koehler, 1992.

Weisbord, Marvin R. *Productive Workplaces: Dignity, Meaning, and Community in the 21st Century* (3rd ed.). San Francisco: Jossey-Bass/Wiley, 2012.

Weisbord, Marvin, & Sandra Janoff. "Clearing the Air: The FAA's Historic Growth without Gridlock Conference." In B. B. Bunker & B. T. Alban (Eds.), *The Handbook of Large Group Methods: Creating Systemic Change in Organizations and Communities.* San Francisco: Jossey-Bass, 2006.

Weisbord, Marvin, & Sandra Janoff. *Don't Just Do Something, Stand There!: Ten Principles for Leading Meetings That Matter.* San Francisco: Jossey-Bass, 2007.

Weisbord, Marvin, & Sandra Janoff. *Future Search: Getting the Whole System in the Room for Vision, Commitment, and Action* (3rd ed.). San Francisco: Berrett-Koehler, 2010.

Wikipedia. "Virtual management." Retrieved May 5, 2015, from https://en.wikipedia.org/wiki/Virtual_management.

致谢

我们想要感谢鼓励支持我们撰写本书的几位领导——索菲亚·克里斯蒂、哈罗德·克拉克、迪克·霍沃思、普拉文·马丹、尤文西奥·马埃斯图、艾迪恩·麦金利、约翰·奥列杰奎斯特、约瑟芬·里德堡－杜蒙、佩妮莱·施皮尔斯·洛佩兹、麦克·沃德和戴夫·惠特瓦姆。他们每个人都以自己的方式选择打破常规并尝试有风险的结果。

我们的同事——英国的朱莉·比登和美国的盖尔·斯科特给了我们非常棒的反馈，帮助我们将此书写得简明扼要。

我们要感谢未来探索网络的项目经理萨利·泰拉克尔，还要感谢许多网络成员，他们证实了放宽掌控，让人们尽其所能是世界上最有效的方法。

我们也感谢伯瑞特凯勒出版社的员工，给我们提供了很多意见，尤其是史蒂夫·皮耶尔桑蒂再一次实践了我们所赞同的原则和技巧。我们的审稿人简·卡斯珀森、凯思林·埃珀森和简·尼克尔森，提升了文章的条理性，也提出了如何突出关键内容的建议。加里·帕米尔特通过干净清爽的设计标出了书中的中心主题。伊丽莎白·冯·拉迪奇提供了精美的编排，提高了本书的可读性。

我们始终感谢我们各自的爱人——桃乐茜·巴克莱·维斯伯德和艾伦·科贝尼卡——付出的爱和耐心，他们在过去的25年一直支持着我们的工作。

关于作者

十年前，马文·维斯伯德和桑德拉·简诺夫受到了美国联邦航空局的邀请，开设了一场关于管理空中交通拥堵的会议。这是众多类似会议中的一个，于是就有了这本书。在那场会议中，他们见证了很多领导者是如何打破传统的。多年来，优先考虑航空交通是航线用户间不信任的来源，且备受争议。联邦航空局的领导者决定采用史无前例的方法——邀请所有相关方面共同行动，而不只是停留在口头上。大型航空公司、货运公司、飞行员、空乘人员、商务人士、军队、安全专家和管理人员中都有关键领导出席。第一天上午 10 点左右，一名航空公司经理因为多年毫无结果的会议沮丧不已，起身说道，“我们都在场，如果我们做不到，就没有人能做到！”会议经过长时间地讨论，推出了改善航空交通全系统、规避危机，为进一步发展设立平台的新政策。

本书的第六章“如何合理有效地安排工作”，是众多具有说服力的例子之一，验证了本书内容的有效性。维斯伯德和简诺夫相识于 20 世纪 80 年代末，简诺夫当时刚获得心理学博士，而维斯伯德刚完成获奖书籍《高效率生产车间》的第一版。维斯伯德是企业前任主管和作家，还是布洛克·彼得雷拉·维斯伯德咨询公司的合伙人。简诺夫接受过数学和科学两方面的培训，曾在城市或郊区高中给学生或员工讲授管理结构课程，长达 10 年之久。她现在准备开启新的职业生涯，成为一名临床医生、关注系统的群体动力学医生以及研究女性和法律的研究者。他们都是费城人，他们虽然有着完全不同的背景，但他们有着相似的理论基础。从事心理学的简诺夫以及从事商业和医疗体系的维斯伯德都通过相关方法帮助人们走向成功，该方法让人们学会重视并接受各自的差异。

桑德拉·简诺夫和马文·维斯伯德

维斯伯德和简诺夫在各种咨询和培训项目中，共同合作了20多年，他们倡导的战略计划遍布全球。他们和各个组织都有合作，包括宜家家居、海沃氏、全食超市等商业公司，联合国发展署、联合国儿童基金会等非政府组织，美国癌症协会这样的非营利组织，以及许多政府机构和社区。他们通过各类文章和书籍阐述了他们的原则和方法，影响了各界主管、顾问和社区领袖，还对畅销书《未来探索》（1995，2000，2010）和《别光做事，给我愣着!》（2007）有所影响。

1993年，他们成立了国际非营利性组织“未来探索网络”，获得了由组织发展网络颁发的“全球工作奖”（2012）和“共享财富奖”（2014）。他们和大量身处各种文化的同事合作，检验并证明了干劲十足的领导者们能掌握书中提到的技巧。他们给六大洲的4000人讲授了他们的方法。两人还是少数受邀加入欧洲跨国学术学会的美国人。

马文·维斯伯德在1969年到1992年间，为多家商业公司、医学院和医院做过咨询。他担任布洛克·彼得雷拉·维斯伯德咨询公司的合伙人有20年，他还是世界生产力科学院的成员。《高效率生产车间》（2012）一书目前正发行第三版，是一部经典著作。他还是《组织诊断》（1978）和《发现共同点》（1992）的作者。

桑德拉·简诺夫博士，在全球范围内为各公司、政府机构和社区提供咨询，通过开设战略规划和领导力的培训班展开咨询。她在“道德推理和法制教育的联系”的研究被《明尼苏达法律评论》刊登。她是小团体系统理论最终论文的合著者（和伊冯·阿贾扎安）。

联系桑德拉：sjanoff@ futuresearch. net; +1 610 909 0640

联系马文：mweisbord@ futuresearch. net

了解研讨会，请点击 www. futuresearch. net

联系未来探索网络：fsn@ futuresearch. net，电话 +1 800 951 6333 或 +1 215 951 0328